김창숙

**글쓴이 신현배**

1960년 서울에서 태어났다. 1981년에 계간 〈시조문학〉에 시조, 1982년 월간 〈소년〉에 동시가 추천 완료되어 문단에 나왔다. 〈조선일보〉 신춘문예에 동시, 〈경향신문〉 신춘문예에 시조가 당선되었다. 지은 책으로 《거미줄》 《종아리를 맞은 참새》 《꿀강아지 똥강아지》 《수박은 당나귀알》 《황금 똥을 누는 고양이》 들이 있다.

**감수자 김광운**

경기도 시흥에서 태어나 한양대학교 사학과와 같은 학교 대학원을 졸업했다. 현재 국사편찬위원회에 재직 중이며, 한겨레통일문화연구소 연구위원, 민주화운동기념사업회 자문위원으로 활동하고 있다. 한양대학교와 한신대학교, 조선대학교, 서울교육대학교 등지에서 학생들을 가르치고 있다. 지은 책으로는 《통일 독립의 현대사》 들이 있다.

# 김창숙
우리가 잊지 말아야 할 독립운동가 12

개정1판 1쇄 인쇄 | 2019년 8월 9일
개정1판 1쇄 발행 | 2019년 8월 15일

지 은 이 | 신현배
감 수 자 | 김광운
펴 낸 이 | 정중모
펴 낸 곳 | 파랑새
등    록 | 1988년 1월 21일 (제406-2000-000202호)
주    소 | 경기도 파주시 회동길 152
전    화 | 031-955-0670  팩   스 | 031-955-0661~2
홈페이지 | www.bbchild.co.kr
전자우편 | bbchild@yolimwon.com

ⓒ 파랑새, 2003, 2007, 2019
ISBN 978-89-6155-862-4  74910
          978-89-6155-850-1 (세트)

• 책값은 뒤표지에 있습니다.
• 출판사의 허락 없이 이 책의 일부 또는 전체를 인용하거나 발췌하는 것을 금합니다.
• 본 도서는 파랑새 〈인물로 보는 한국사〉 시리즈를 재편성한 도서입니다.

어린이제품안전특별법에 의한 제품 표시
제조자명 파랑새 | 제조년월 2019년 8월 | 제조국 대한민국 | 사용연령 10세 이상

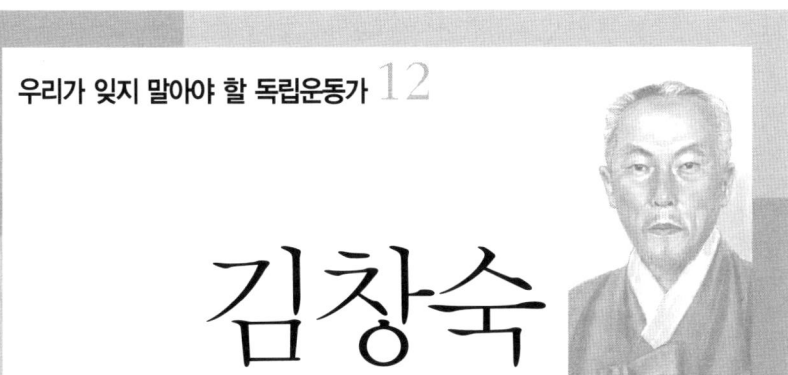

우리가 잊지 말아야 할 독립운동가 12

# 김창숙

신현배 글 | 김광운 감수

파랑새

추천사
# 삶의 등대가 되어 주는 역사 인물

'도로시'라는 미국의 교육학자는 '아이들은 사는 것을 배운다'라는 유명한 시를 남겼습니다. 그 내용은 다음과 같습니다.

만일 아이가 나무람 속에서 자라면 비난을 배웁니다.
만일 아이가 적개심 속에서 자라면 싸우는 것을 배웁니다.
만일 아이가 비웃음 속에서 자라면 부끄러움을 배웁니다.
만일 아이가 수치심 속에서 자라면 죄의식을 배웁니다.
만일 아이가 관대함 속에서 자라면 신뢰를 배웁니다.
만일 아이가 격려 속에서 자라면 고마움을 배웁니다.
만일 아이가 공평함 속에서 자라면 정의를 배웁니다.
만일 아이가 인정 속에서 자라면 자기 자신을 좋아하는 것을 배웁니다.
만일 아이가 받아들임과 우정 속에서 자라면 세상에서 사랑을 배우게 됩니다.

이 아름다운 시처럼 우리들의 아이들은 끊임없이 세상에서 무엇인가 배우고 있습니다. 자라나는 아이들에게 사는 것을 배우게 하는 가장 좋은 방법은 무엇일까요? 그것은 아마도 우리나라가 낳은 조상들 중에서 훌륭한 업적을 이룩하신 역사적 인물들을 배우고 그 인물들을 통해서 그들의 애국심과 남다른 인격을 본받는 것입니다. 지금까지 어린 아이들을 대상으로 하는 위인전은 많이 있었지만 이번에 발간한 인물 이야기처럼 이제 막 인격이 성숙하기 시작하는 초등학교 고학년에서부터 사춘기에 이르는 중학생을 상대로 한 인물 역사책은 거의 없었던 것으로 알고 있습니다. 사실 이런 책들은 역사를 인식하고 역사적 인물을 이해할 수 있는 연령을 대상으로 하였을 때, 비로소 그 빛을 볼 수 있다고 생각합니다.

꼭 알아야 할 역사적 인물을 선정해서 발간하는 이 책은 우리 아이들에게 무한한 자부심과 희망과 꿈을 키워 줄 것입니다.

그리고 이 책은 역사학자들의 철저한 감수와 고증을 거쳐 역사적 사실이 흥미 위주로 과장되거나 주관적인 해석으로 왜곡되지 않고 정확하게 전달되도록 온 힘을 기울였습니다.

존경하는 인물을 한 사람 가슴에 품고 자라난 아이들은 가슴 속에 하나의 등대를 갖고 있는 항해사와 같습니다. 아이들의 먼 인생 항로에서 언제나 꺼지지 않는 등불이 되어 절망과 역경에 이르렀을 때도 그 앞길을 밝혀 주는 희망의 등불이 될 것입니다.

자라나는 아이들은 미래의 희망입니다. 그들에게 사는 것을 가르치기 위해서는 아이들이 살아갈 조국, 내 나라 내 땅을 위해 땀과 피와 목숨을 바친 훌륭한 역사적 인물들의 씨앗을 우리 아이들의 가슴 속에 뿌려 주는 일일 것입니다. 그 씨앗은 아이들 가슴 속에서 무럭무럭 자라나 마침내 아름다운 꽃과 무성한 열매를 맺게 될 것임을 저는 의심치 않습니다.

이어령 전 문화부 장관

### 지은이의 말

　김창숙은 김구, 안창호처럼 세상에 널리 알려져 있는 인물이 아닙니다. 그러나 김창숙만큼 나라를 위해 자신의 모든 것을 다 바친 사람도 그리 흔치 않을 것입니다. 김창숙은 독립운동에 뛰어든 이래 가정을 돌보거나 자신을 돌본 적이 없었습니다. 두 아들마저 독립운동에 바쳤습니다. 일제 시대에 감옥에 갇혔을 때는 모진 고문으로 두 다리가 마비되어 앉은뱅이가 되었습니다. 평생 벼슬 한 번 한 일이 없었으며, 재산을 모은 적도 없었습니다. 오히려 말년에는 집도 없이 친지의 집이나 여관, 병원 등을 전전하다가 삶을 마쳤습니다. 그런 고난의 가시밭길을 걸어오면서도 그에게는 일편단심 나라를 구하려는 생각뿐이었습니다. 김창숙은 철이 들면서부터는 애국 계몽 운동을 하고, 일제 치하에서는 항일 투쟁을 했습니다. 그리고 해방 후에는 통일 정부 수립 운동, 분단 체제하에서는 이승만 독재 정권에 반기를 들고 반독재 민주화 투쟁을 벌였습니다. 또한 대학을 세워 인재를 길러냈을 뿐 아니라, 평생을 유교 정신으로 살며 유도와 유림을 지켰습니다. 선비는 '의에 살고 의에 죽는다'고 합니다. 김창숙이야말로 근세 우리나라의 유림을 대표하는 선비로서, 투철한 선비 정신을 가지고 살았습니다. 그는 부정, 불의와는 일체 타협할 줄 몰랐으며 대쪽같이 곧은 민족주의적 절조를 지켰습니다. 김창숙은 조국이 분단된 것을 가슴 아프게 생각하며 평화 통일을 간절히 바랐습니다. 그래서 그가 쓴 시에는 이런 구절이 있습니다.

평화는 어느 때나 / 실현되려는가
통일은 어느 때에 / 이루어지려는가
밝은 하늘 정녕 / 다시 안 오면
차라리 죽음이여 / 빨리 오려무나.

– '통일은 어느 때에' 중에서

나는 이 글을 쓰기 전에는 나라를 구하기 위해 평생을 바친 훌륭한 독립운동가가 김구, 안창호, 신채호 등 위인전에 나오는 몇 사람이 전부인 줄 알았습니다. 그러나 이 글을 쓰면서 내 생각이 잘못되었다는 것을 알았습니다. 이 나라의 현대사를 온몸으로 살았던 민족 운동의 선구자 김창숙을 뒤늦게 만났기 때문입니다. 이 책을 읽는 어린이들은 김창숙의 뜨거운 애국 애족 정신을 가슴에 담아, 우리 겨레의 오랜 소원인 통일을 향해 한 발 한 발 나아가기 바랍니다.

신현배

## 차례

| | |
|---|---|
| 추천사 | 4 |
| 지은이의 말 | 8 |
| | |
| 1. 아버지의 가르침 | 12 |
| 2. 격동의 세월 | 23 |
| 3. 을사조약과 항소 투쟁 | 35 |
| 4. 애국 운동에 나서다 | 42 |
| 5. 비분의 나날들 | 54 |
| 6. 3·1 운동과 파리 장서 사건 | 66 |

| | |
|---|---|
| 7. 중국 요인들과의 만남 | 81 |
| 8. 동지들의 전향 | 97 |
| 9. 독립 기지 건설의 꿈을 안고 | 110 |
| 10. 나석주 의사 | 125 |
| 11. 감옥에서도 꺾이지 않는 기개 | 137 |
| 12. 광복은 되었건만 | 156 |
| 13. 성균관 대학을 세우다 | 177 |
| 14. 반독재 민주화 투쟁의 선봉에 서다 | 184 |

# 1. 아버지의 가르침

1894년 초여름의 어느 날이었다.

선비 김호림은 사랑채에 앉아 책을 읽다가 툇마루로 나왔다. 툇마루에서는 산이 올려다 보였다.

칠봉산, 이름 그대로 일곱 개의 봉우리를 거느리고 있는 산이었다. 일곱 개의 봉우리 중에서 가장 곧고 빼어난 것은 소거리 앞산 직준봉이었다. 김호림은 고개를 들어 직준봉을 바라보았다.

직준봉은 곧고 강직한 선비처럼 꼿꼿한 기상을 드러내고 있었다. 김호림은 직준봉에서 눈을 뗄 수가 없었다. 바라보면 볼수록 정기가 느껴지는 봉우리였다.

'내가 30년째 이 마을에 살고 있지만, 저 봉우리는 예나 지금이나 똑같아. 늘 강직하고 의연한 모습 그대로라니까.'

김호림은 이 마을 태생이 아니었다. 경북 봉화군 봉화면 해저리가 고향이었다. 30년 전인 1864년 23세에 경북 성주군 대가면 칠봉동 사월리 사도실 이곳 마을, 의성 김씨 집안에 양자로 들어왔다. 이 집안은 영남 지방에서는 유림으로 이름난 집안으로, 김호림은 선조 때 이

조 참판을 지낸 학자 동강(東岡) 김우옹의 12대 종손이었다.

김호림은 1879년 음력 7월 10일, 장씨 부인과의 사이에서 아들을 낳았다. 이 아이가 바로 유림 출신의 민족주의자로서 평생 한길을 걸은 김창숙이다.

김호림은 아들이 13세가 되자 사랑채 툇마루에 앉혀 놓고 말했다.

"창숙아, 고개를 들어 산을 보아라. 저기 바라보이는 봉우리가 무슨 봉우리인지 아느냐?"

김창숙은 고개를 들어 앞산을 쳐다보았다. 아버지가 가리키는 봉우리는 직준봉이었다. 이곳에서 태어나 자란 김창숙이 그 이름을 모를 리 없었다. 그런데 새삼스럽게 그 이름을 묻다니, 김창숙은 의아한 눈빛으로 아버지를 돌아보았다. 김호림이 다시 입을 열었다.

"저 봉우리 이름을 묻고 있지 않느냐? 어서 대답해 보거라."

"예, 직준봉입니다."

"옳지, 잘 알고 있구나. 칠봉산에는 직준봉, 송대봉, 월명봉, 장가봉, 수리봉, 낙조봉, 상여봉 이렇게 일곱 개의 봉우리가 있다. 그런데 그 중에서 가장 빼어난 봉우리가 바로 직준봉이니라. 너는 직준봉에 올라가 보았겠지?"

"예, 아버지."

"내가 오늘 직준봉을 아느냐고 물은 것은 네게 '호'를 지어 주고 싶어서이다. 너도 13세가 되었으니 호가 있어야 하지 않겠느냐?"

예로부터 선비들은 본 이름 외에 따로 지어 부르는 이름이 있었다.

그것이 바로 '호'였다. 김호림에게도 '하강(下岡)'이라는 호가 있었다.

"창숙아, 저 봉우리 이름을 따서 네 호를 '직강(直岡)'이라고 지어주마. 너는 항상 저 산봉우리를 우러러 모든 일에 곧고 강하게 처신해라. 그래서 네 호에 부끄러움이 없도록 해야 한다. 내 말 알겠느냐?"

김창숙은 아버지가 한 말을 이해하기에는 아직 어렸다. 그는 〈논어〉〈맹자〉〈중용〉〈대학〉의 사서를 떼었지만 배움에 힘쓰지 않고 있었다. 그래서 학문을 하는 것이 남에게 명예를 얻기 위함이 아니고 자기 자신의 내적 수양에 의한 인격 형성에 있다는 것을 깨닫지 못하고 있었다.

김호림은 이런 아들의 장래가 걱정스러웠다. 그래서 절친한 친구인 학자 이대계에게 이렇게 부탁했다.

"우리 가문의 앞날은 이 아이에게 달려 있네. 그러니 자네가 각별히 지도해서 성취시켜 주기 바라네."

그러나 김창숙은 이대계의 문하에 들어가지 않았다. 학문을 좋아하지 않았기 때문이다.

김창숙은 여섯 살 때부터 글을 배우기 시작했다. 총기가 있어 종일 책을 펴들지 않고도 암송은 곧잘 했다. 여덟 살 때엔 〈소학〉을 배웠는데, 공부보다는 밖에 나가 노는 것을 더 좋아했다.

열 살 때, 동네에서 정은석이란 어른에게 가르침을 받았는데, 이때도 여전히 공부는 뒷전이고 친구들과 어울려 노는 데 정신을 빼앗기

곤 했다. 정은석은 보다 못해 김창숙을 이렇게 꾸짖었다.

"아버지의 뜻을 좇아 열심히 공부해야 할 네가 친구들과 놀러 다니기 바쁘니 이래서야 되겠느냐? 그래 가지고 네가 어떻게 사람이 되겠느냐?"

김창숙은 꾸지람을 듣고 가슴이 뜨끔했다. 아버지의 뜻을 따르지 않고 공부를 게을리 하는 것은 변명할 여지가 없었다. 자신의 잘못이었다. 김창숙은 이때 조금 분발하여 공부를 하는 척했다. 그러나 구속받기 싫어하는 기질은 고칠 수 없었다. 김창숙은 뜻이 크고 기개가 굳세어 남에게 매인 데가 없었던 것이다.

김호림은 사랑채 툇마루에 서서 직준봉을 바라보다가 문득 아들의 얼굴을 떠올렸다. 그때 나이 16세인 김창숙은 동네에 있는 서당에 다니며 글공부를 하고 있었다.

서당에서는 여름철에 주로 시를 외우고 짓는 공부를 했다. 이것을 '하과(夏課)'라 하는데, 김창숙은 요즘 서당에서 하과를 하고 있었다.

'서당에나 한번 가 볼까?'

김호림은 대청마루에서 내려와 대문을 나섰다. 천천히 서당을 향해 걷기 시작했다.

들판에서는 모내기가 한창이었다. 농부들이 논에 들어가 땀을 뻘뻘 흘리며 모를 심고 있었다. 김호림은 걸음을 멈추고 잠시 그 광경을 지켜보았다. 농부들은 한 줄로 늘어서서 가지런히 모를 심어 나가고 있었다.

'벌써 모내기철인가? 하기사 초여름이니 모를 심을 때도 되었지. 오늘은 바람 한 점 불지 않아서 모를 심기 좋은 날인걸.'

김호림은 이런 생각을 하며 다시 걸음을 옮겼다.

서당에 도착해 보니 아이들은 훈장이 지켜보는 가운데 시를 짓고 있었다. 김호림이 서당에 들어서자, 훈장이 일어서서 허리를 굽혔다.

"어인 일로 여기까지 행차하셨습니까?"

훈장은 김호림에게 깍듯이 인사를 했다. 김호림은 마을에서 가장 공경받는 선비였다. 타고난 성품이 넓고 굳세며, 사람을 대하는 태도가 자애롭고 진실하고 자상하여 그를 따르는 사람들이 많았다. 무지한 이웃 여자나 어린아이들조차도 옳지 못한 일이 있으면 "하강 공께서 들으면 꾸중하시지 않겠느냐?" 며 서로 타일러 말할 정도였다.

김호림은 인자한 미소를 지으며 훈장에게 말했다.

"오늘 같은 날은 시를 짓는 것도 좋지만 야외 학습을 하는 게 어떻겠나? 내가 아이들을 맡아 가르칠 테니 훈장은 오늘 편히 쉬도록 하게."

김호림의 말에 반색을 하는 것은 아이들이었다. 마침 끙끙 대며 시를 짓느라 골치를 앓고 있던 참이었다. 그런데 난데없이 야외 학습이라니 반갑지 않을 수 없었다. 아이들 중에는 김창숙도 끼여 있었다. 놀기 좋아하는 김창숙도 즐거운 표정을 지었다.

훈장의 승낙을 받아낸 김호림은 아이들을 데리고 서당에서 나왔다. 아이들은 참새처럼 조잘거리며 김호림의 뒤를 따랐다.

김호림은 아이들을 들판으로 데리고 갔다. 들판에서는 농부들이 모내기를 하고 있었다. 아이들은 어리둥절한 얼굴로 김호림을 쳐다보았다. 야외 학습을 한다기에 계곡에나 데려가 재미있는 옛날이야기를 들려 줄 것으로 기대했는데 엉뚱한 곳으로 데려왔기 때문이다.

김호림은 아이들을 논두렁에 세워 놓고 말문을 열었다.

"너희들 앞에는 논이 있다. 논에서는 지금 농부들이 땀 흘리며 모내기를 하고 있다. 농부들이 이렇게 수고하고 있을 때 너희들은 무엇을 하고 있었느냐? 부모님이 주시는 밥을 먹고 옷을 입고 앉아서 한갓 옛사람의 글을 읽고 있었을 뿐이다. 이렇게 편안히 지내고 있으니 너희들은 지금 세상이 어떻게 변하고 있고, 농사하는 어려움이 무엇인지 어떻게 알 수 있겠느냐? 온 나라가 멸망의 위기에 처해 있는 것이 우리의 현실이다. 따라서 좋은 집에서 편안히 살면서 하인들을 호령하고 앉아 놀고먹을 때가 아니다. 너희들도 저 농부들과 같이 땀 흘려 일해야 한다. 그래야만 너희들의 입에 들어가는 곡식 한 알 한 알이 피땀의 결실임을 어느 정도 알게 될 것이다. 자, 이제 모두 논에 들어가거라."

김호림은 논에서 일하는 농부 한 사람을 불러 냈다.

"이 아이들이 오늘 여기서 모내기를 할 걸세."

"예?"

농부는 눈이 휘둥그레졌다. 서당에서 온 아이들은 모두 양반집 자제들이었다. 그런데 모내기를 한다니 놀라지 않을 수 없었다. 아이들

도 놀라는 것은 마찬가지였다. 지체 높은 양반집 자제라고 이제까지 손에 흙 한 번 묻히지 않고 자라온 아이들이었다. 그런데 거머리가 득실거리는 논바닥에 들어가라니, 이 무슨 날벼락인가 싶었다.

그러나 아이들은 김호림의 명령을 거역할 수는 없었다. 위엄찬 목소리로 들려주는 말 한 마디 한 마디가 이치에 맞았기 때문이다. 아이들은 마지못해 신을 벗고, 바짓가랑이를 걷어붙이고 하나 둘씩 논으로 들어갔다.

김호림도 논으로 들어가 아이들과 함께 나란히 서서 모내기를 하기 시작했다. 아이들은 질척질척한 논바닥에서 허리를 굽혀 일하는 것이 힘에 겨웠다. 한 시간도 못 되어 허리가 끊어질 듯이 아팠다. 그러나 줄맞춰 서서 똑같이 모를 심어 나가기 때문에 잠시도 쉴 수가 없었다. 아이들은 잠깐 일하는데도 농부들의 수고를 조금은 알 것 같았다.

얼마나 시간이 흘렀을까. 논둑을 따라서 아낙들이 줄지어 걸어왔다. 그들은 머리에 점심 바구니를 이고 있었다.

아이들은 농부들과 같이 논에서 나왔다. 즐거운 점심 시간이었다. 모두들 나무그늘 밑으로 가서 농부는 농부들끼리, 아이는 아이들끼리 따로따로 앉았다. 그러자 김호림이 양쪽을 둘러보며 말했다.

"따로 앉지 말고 함께 섞어 앉아라. 이 자리에서 양반, 상민이 무슨 소용이 있느냐. 다 같은 농부들일 뿐이다. 여기서는 나이의 많고 적음만 따질 것이지, 누가 귀하고 천한지는 물을 것이 없다."

김호림의 말이 떨어지자 모두들 일어나 나무그늘 밑에 서로 섞여

둘러앉았다.

이윽고 아낙들이 점심 바구니를 가져오자 김호림이 또 말했다.

"양반 자제라고 저 아이들부터 먼저 밥을 주어서는 안 된다. 이 자리에서는 장유유서(연장자와 연소자 사이에는 지켜야 할 차례가 있음을 이르는 말)에 따라 나이 많은 사람이 먼저 밥을 먹어야 한다."

아낙들은 김호림이 말한 대로 농부들에게 먼저 밥을 주었다. 그리고 아이들은 나중에 밥을 주었다. 아이들은 불만스러운 듯 입이 삐죽 나왔다. 그러나 그 불만을 감히 입 밖으로 꺼내는 아이는 없었다.

점심을 먹고 나자 김호림이 아이들에게 말했다.

"지금 세상이 크게 변해 가고 있다. 그런데 너희들은 〈주역〉을 읽고도 변혁의 이치를 몰라서야 되겠느냐. 너희들은 내 말을 새겨들었다가 훗날 살아 가는 데 교훈으로 삼아야 할 것이다."

이때 김창숙은 김호림이 무엇 때문에 그런 말을 했는지 몰랐다. 그러나 몇 년이 흐른 뒤 세상이 크게 변하여 신분 차별을 없애는 제도가 나와서 행해지는 것을 보고, 비로소 아버지가 선견지명이 있었음을 깨달았다. 김호림은 시대와 세상을 환히 살피고 계급과 문벌을 깨뜨려 버려야 한다는 것을 내다보고 있었던 것이다. 이때 김창숙은 마음속으로 소리쳤다.

'내가 아버지를 배우지 않고 누구를 배우겠는가!'

# 2. 격동의 세월

　동학 농민 전쟁 이후 일본은 청일 전쟁에서 승리를 눈앞에 두자, 조선 정부에 내정 간섭을 본격화했다. 그래서 고종에게 '홍범 14조'를 발표하게 했다.
　이것은 청에 의존하는 생각을 끊고 조선이 자주 독립국임을 내외에 선포한 문서였다. 그러나 실제는 일본의 침략을 쉽게 하기 위해 청의 간섭과 민비·대원군 등 왕실의 정치 간여를 철저히 배제하는 데 그 목적이 있었다.
　일본은 청일 전쟁의 승리로 중국의 랴오둥(요동) 반도와 타이완, 펑후(펑호) 도를 얻었다. 일본은 이를 발판으로 대륙까지 침략해 들어갈 야욕을 품고 있었다.
　그러나 일본의 이런 야욕은 러시아에 의해 일단 꺾이고 말았다. 일본의 세력이 커지는 것을 경계한 러시아가 프랑스, 독일과 함께 일본에게 압력을 넣어 랴오둥 반도를 청에게 돌려주게 한 것이다. 이것을 '삼국 간섭'이라고 한다.
　조선 왕실은 일본이 러시아에게 밀리는 것을 보고, 러시아 세력을 끌어들여 일본의 간섭으로부터 벗어나려고 했다. 박영효 등의 친일 내각을 무너뜨리고 이범진·이완용 등의 친러파를 등용하여 새로운 내각을 구성한 것이다.

초조해진 일본은 예비역 육군 중장인 미우라를 주한 일본 공사로 파견했다. 그래서 미우라로 하여금 세력을 만회하기 위해 모종의 음모를 꾸미게 했다. 그것은 민비 살해 계획이었다.

1895년 10월 8일 새벽, 미우라의 명령에 따라 일본군 수비대와 일본인 낭인들은 경복궁으로 쳐들어갔다. 이들은 궁내부 대신 이경직, 훈련대 연대장 홍계훈 등을 살해한 뒤 민비의 침실인 옥호루에 난입했다. 그래서 민비를 죽이고 그 시체에 석유를 뿌려 불살라 뒷산에 묻었다. 이 사건을 '을미사변'이라고 한다.

그리고 얼마 뒤인 11월에는 전국에 단발령이 내려졌다. 그것은 성년 남자의 상투를 자르도록 한 명령이었다. 정부는 관리들로 하여금 백성들의 머리를 강제로 깎게 했다.

우리 나라는 예로부터 머리를 소중히 여기는 전통이 있었다. 신체·머리털·살갗은 부모에게서 받은 것이니 감히 훼상하지 않는 것이 효도의 시작이라고 여겼다. 따라서 백성들이 단발령에 완강히 반대하는 것은 당연한 일이었다.

백성들은 김홍집 내각이 친일 내각이라는 소리를 듣고 있으므로, 단발령은 뒤에서 일본이 조종하는 것으로 믿었다. 따라서 을미사변으로 일본에 대한 감정이 좋지 않던 차에 단발을 강행하니 백성들의 분

노는 높아질 수밖에 없었다.

　마침내 백성들의 분노는 의병 운동으로 폭발하고 말았다. 전국의 유생들은 단발령에 반대하여 각지에서 의병을 일으켰다. 1896년 1월 중순 경기도·충청도·강원도에서 일어나, 2월 상순에는 경상도 북부와 강원도 북부, 그리고 함경도 북부까지 확대되었다.

　이때 동학 농민군의 일부까지 포함된 의병 부대를 이끄는 의병장들은 주로 양반 유생들이었다. 제천의 유인석, 춘천의 이소응, 강릉의 민용호, 홍주의 김복한·이설·안병찬, 안동의 권세연, 진주의 노응규, 나주의 기우만 등이 각지에서 맹활약했다. 이들은 관찰사·군수 등 친일 관리와 악질적 일본인들을 처단하거나 전선·철도 등 일본군의 주요 시설을 파괴했으며, 이들을 진압하려는 정부군·일본군과 전투를 벌였다.

　그러나 의병 운동은 1896년 3월 이후 점차 세력을 잃어 갔다. 중화기로 무장한 일본군과 정부군이 진압에 나서고, 정권이 바뀌어 단발령을 철폐하는 한편, 정부가 의병 해산을 종용하였기 때문이다. 하지만 유인석·민용호 등은 의병을 해산하지 않고 만주 지방으로 부대를 이동했다.

　김창숙의 집에도 을미사변과 단발령 소식이 전해졌다. 김호림은 그 소식을 처음 들었을 때 너무 분하여 몸을 부르르 떨었다.

　"섬 나라 도적놈들이 우리 땅을 집어삼키려 하는구나. 이놈들을 없애지 않으면 우리는 반드시 식민지의 노예가 되고 말 것이다."

김호림은 식민지의 노예가 되는 것을 막기 위해 의병을 일으킬 결심을 했다. 그래서 직접 격문을 써서 고을 전체에 돌렸다.

김호림이 의병을 일으킨다는 소문은 곧 성주 군수 이규환과 관찰사 이병감의 귀에 들어갔다. 두 사람은 김호림을 찾아와서 위협하는 조로 말했다.

"의병을 일으키신다고요? 우리 고을에서는 절대로 안 됩니다. 계획을 취소하지 않으면 저희도 가만있지 않겠습니다."

그러나 김호림은 조금도 흔들림이 없었다. 그는 엄숙한 목소리로 잘라 말했다.

"내 뜻은 이미 정하였으니 두 분께서 무슨 말씀을 해도 나는 듣지 않을 겁니다."

그러고는 그 자리에서 시 한 수를 지어 보였다.

마음은 한 몸의 주인이고
몸은 내 마음의 집이라네.
**차라리 집 없는 주인이 될지언정**
주인 없는 집이 되지는 않으리.

이규환과 이병감은 시를 읽고 멍하니 앉아 있었다. 그 시는 자신의 뜻을 이루기 위해 목숨까지 내놓겠다는 각오를 담고 있었다. 한참 뒤에 이병감이 입을 열었다.

"우리가 하강 공을 높이 우러러뵌 지 이미 오래이지만, 지금에야 군자가 의리를 지키는 것이 얼마나 확고한가를 알았습니다."

그들은 이 말을 남기고는 조용히 물러갔다. 그러나 병사들을 김호림의 집으로 보내 밤낮으로 지키게 했다.

김호림이 감시를 당하는 몸이 되자, 거사 계획은 차질을 빚기 시작했다. 의병에 가담하기로 했던 고을 사람들이 겁을 집어먹고 하나 둘 발을 뺐기 때문이다. 김호림은 일이 뜻대로 안 되자 분한 마음을 감출 수 없었다. 그는 날마다 술에 절어 지냈다. 큰 술잔을 들고 눈물을 주르르 흘리며 이렇게 탄식했다.

"사기가 죽었으니 나라의 장래가 암울하구나. 장차 이 나라가 망하지 않고 견디겠는가."

김호림은 오래지 않아 몸져눕게 되었다. 그는 병상에서 집안 식구들에게 말했다.

"내 병은 약이나 침을 가지고 고칠 수 있는 병이 아니니라."

며칠 뒤에 김호림은 정신만은 아직 또렷한 채 편안히 세상을 떠났다. 1896년 2월 9일, 향년 55세였다.

김호림은 1남 4녀를 두었다. 김창숙 위로 출가한 누이가 하나 있고, 그 밑으로 어린 누이가 셋이 있었다.

이때 나이 18세의 김창숙은 정신적인 지주였던 아버지의 죽음으로 큰 슬픔을 겪었다. 아버지가 그에게 물려준 유산이 있다면 투철한 선비 정신이었다. 김창숙은 이 선비 정신을 이어받아 훗날 불굴의 항일

정신으로 일제와 절대 타협하지 않으며 독립운동의 한길을 걸어가게 되는 것이다.

마을 뒤 언덕에 아버지를 모시고 나서 김창숙은 한동안 실의에 젖어 지냈다.

그는 마음을 잡지 못하고 밖으로 마구 돌아다녔다. 친구들과 어울려 함부로 술을 마시고 고기를 먹었다. 상중에는 지켜야 할 예법이 있는데, 그것을 무시하고 상제가 아닌 것처럼 행동하고 다녔다.

그러던 어느 날이었다. 그 날도 김창숙은 장터로 가서 친구들과 어울려 밤늦게까지 술을 마셨다. 집에 돌아왔을 때는 몸도 못 가눌 정도로 술에 취해 있었다. 김창숙은 목이 탔다. 시원한 냉수 한 잔이 간절했다. 그래서 그는 비틀비틀 부엌으로 들어갔다. 김창숙은 부엌에 들어섰다가 멈칫 서고 말았다. 부엌에 어머니가 있었던 것이다.

"이제 왔느냐? 안방으로 따라 들어오너라."

어머니는 이 말을 남기고 먼저 안방으로 들어갔다. 김창숙은 술이 확 깨는 기분이었다. 밤늦게까지 자신을 기다린 어머니의 얼굴 보기가 민망했다.

김창숙은 안방에서 어머니 앞에 무릎을 꿇고 앉았다. 어머니가 말했다.

"창숙아, 너는 지금 과부의 자식이다. 네가 상중인데도 그렇게 흥청망청 술에 취해 돌아다니면 남들이 어떻게 보겠느냐? 막돼먹은 인간이라고 손가락질할 것 아니냐? 더구나 너는 이조 참판을 지내시고 큰 학자셨던 동강 김우옹 선생의 13대 종손이다. 그런데도 상제의 예법에 벗어나서 무례한 짓을 하고 돌아다니니, 네 아버지의 혼령이 계시다면 어찌 자식을 두었다고 여기시겠느냐?'

김창숙은 어머니의 훈계를 듣고 머리를 들 수 없었다. 구구절절 옳은 말씀이었다. 김창숙은 눈물을 흘리며 어머니에게 용서를 빌었다.

"어머니, 제가 잘못했습니다. 한 번만 용서해 주신다면 아버지와 조상님을 욕되게 하는 부끄러운 짓을 하지 않겠습니다."

"네가 진심으로 뉘우치니 다행이구나. 네 아버지가 생전에 말씀했듯이, 우리 가문의 앞날은 너에게 달려 있다. 아버지의 뜻을 받들어 앞으로 배움에 힘쓰기 바란다."

"명심하겠습니다, 어머니."

김창숙은 다음날부터 완전히 달라졌다. 술과 고기는 입에도 대지 않고 쓸데없이 싸돌아다니지도 않았다. 날마다 〈예서〉를 읽으며 말과 행동이 예의에 어긋나지 않게 조심했다.

〈예서〉는 인간 생활에 필요한 예의 절차를 적은 책인데, 과거에는 상중에 이 책을 많이 읽었다. 김창숙은 항상 어머니의 훈계를 생각하며 자숙하고 지냈다.

상복을 벗은 뒤에는 마음속으로 이런 다짐을 했다.

'이제부터는 배움을 구하여 견문을 넓히리라.'

김창숙은 그때부터 이름 높은 유학자들을 두루 찾아다니기 시작했다. 아버지의 친구였던 대계 이승희를 비롯하여 만구 이종기, 면우 곽종석, 회당 장석영 등을 만나 경서의 뜻을 물어 깨우친 바가 많았다. 그 중에서도 특히 이승희에게서 많은 가르침을 얻었다.

이름난 유학자들 문하에는 많은 유생들이 있게 마련이었다. 김창숙은 이들 앞에서도 거침없이 자신의 생각을 털어놓았다.

"나라가 망해 가고 있습니다. 왜놈들의 군홧발이 우리 강토를 짓밟은 이래, 이제 조선은 외적의 반식민지로 전락해 버렸습니다. 일본뿐만이 아니라 러시아, 미국, 영국, 프랑스, 독일 등 제국주의 국가들이 앞다투어 우리의 이권을 빼앗아 가고 있는 것을 보십시오. 각종 철도 부설권, 금광·석탄 채굴권, 삼림 벌채권이 속속 그들 손에 넘어가고 있어요. 이런 추세라면 나라 전체가 저들 손에 넘어가 우리가 식민지의 노예가 되는 것은 시간 문제입니다. 이렇게 나라가 망할 위기에 처해 있는데, 선비들은 지금 무엇을 하고 있습니까? 학문이나 한답시고 성인의 글만 읽고 있습니다. 이들이야말로 가짜 선비입니다."

김창숙이 이렇게 말하면 유생들은 얼굴빛이 달라졌다. 개중에는 발끈하여 대드는 사람도 있었다.

"가짜 선비라니요? 말씀이 지나치십니다. 학문을 연구하는 학자들을 전부 가짜 선비로 몰다니."

"선비도 선비 나름이지요. 성인의 글을 읽고도 성인이 세상을 구제한 뜻을 깨닫지 못하면 그는 가짜 선비란 말입니다. 지금 우리는 무엇보다도 먼저 이 따위 가짜 선비들을 제거해야만 합니다. 그래야비로소 나라를 잘 다스리고 온 세상을 편안하게 하는 나라의 정책에 참여할 수 있습니다."

김창숙은 세속 학자들이 학문의 오묘한 뜻만 논할 뿐, 나라를 구하는 일에 나서지 않는 것을 병폐로 생각하고 있었다. 그래서 그는 가는 곳마다 분명하게 자기 소신을 밝혔다. 듣는 사람들이 놀라서 수군거렸지만 자신의 주장을 굽히는 법이 없었다.

# 3. 을사조약과 항소 투쟁

제법 쌀쌀한 날씨였다. 바람까지 불어 더욱 춥게 느껴졌다. 날씨 탓인지 서울 거리에는 지나다니는 사람이 별로 없었다.

그러나 경운궁 대한문 앞에는 추운 날씨에도 불구하고 차디찬 땅바닥에 엎드려 있는 사람들이 있었다. 한 사람은 김창숙이었고, 다른 한 사람은 유학자인 이승희였다. 두 사람은 땅을 치며 통곡하고 있었다.

이승희는 이런 내용의 상소문을 써서 올렸다.

'황제 폐하, 부당하게 체결된 조약을 파기하여 주시고, 이완용·이지용·박제순·이근택·권중현 등 역신들의 목을 베어 주십시오.'

그리고 김창숙과 함께 대궐문 앞에 엎드려 고종의 회답을 기다리고 있는 것이다.

을사조약이 체결된 것은 1905년 11월 17일이었다. 이완용·이지용·박제순·이근택·권중현 등 '을사 5적'이 조약 체결에 찬성하여 강제 통과된 한일 협약(을사조약)의 내용은 이런 것이었다.

1. 일본 정부는 한국의 외교에 관한 사무 일체를 지휘 감독하고

일본의 외교 대표자 및 영사는 외국에 있는 한국인을 보호한다.
2. 한국 정부는 일본 정부의 중개 없이는 외국과 조약을 맺지 못한다.
3. 일본 정부는 한국 황제 밑에 1명의 통감을 두고, 통감은 외교에 관한 일을 관리하고 한국 황제를 어느 때나 만날 권리가 있다.
4. 일본과 한국 사이에 현존한 조약은 본 협약의 조항에 저촉되지 않는 것에 대하여 모두 그 효력은 계속 유효하다.
5. 일본 정부는 한국 황실의 안녕과 존엄을 유지한다.

이 조약의 체결로 한국은 사실상 일본의 식민지가 되고 말았다. 일본은 1906년 2월에 통감부를 서울에 설치하고 이토 히로부미를 초대 통감에 임명했다. 통감부는 한국의 외교뿐 아니라 입법·행정·사법·군사 등 내정까지도 장악해 명실 공히 한국의 최고 통치 기관으로 군림하게 되었다.

한편 을사조약 체결 소식은 장지연이 11월 20일자 〈황성신문〉에 '이 날에 목놓아 통곡한다'라는 논설을 발표함으로써 전국에 알려졌다. 장지연은 이 논설에서 일본의 침략성을 규탄하고 을사 5적을 공박한 뒤, 이렇게 애통해하는 글로 끝을 맺었다.

우리 2천만 남의 노예가 된 동포여! 살았는가 죽었는가. 단군 기자 이래 4천 년 국민 정신이 하룻밤 사이에 멸망하여 버렸으니 슬프고 슬프다. 오, 분하도다.

을사조약 체결 소식은 전 국민을 슬픔과 분노로 몰아넣었다. 일본과 을사 5적을 규탄하며 시종무 관장 민영환, 전 의정부 대신 조병세, 법부 주사 송병찬, 전 참정 홍만식, 참찬 이상상, 주영 공사 이한응, 학부 주사 이상철, 병정 김봉학 · 윤두병 · 송병선 · 이건석 등이 스스로 목숨을 끊었다.

그리고 학생들은 동맹 휴학으로, 상인들은 철시로 조약 반대 운동에 동참했다. 또 전국 각지에서 의병 운동이 전개되어, 충청도에서는 전 참판 민종식, 전라도에서는 전 참찬 최익현, 경상도에서는 신돌석, 강원도에서는 유인석 등이 의병을 일으켰다.

유생들은 격렬한 항소 운동을 벌였는데, 서울에 '대한 십삼도 유약소'를 차려 두고 전국 유생 대표들이 11월 21일과 24일 두 차례 상소했다. 그리고 12월에 들어서도 최익현을 비롯하여 강원형 · 곽종석 · 전우 · 이승희 등이 조약 파기와 5적 처단을 요구하는 상소를 올렸다.

김창숙은 이승희와 함께 대궐문 앞에 엎드려 사흘을 기다렸다. 그러나 사흘이 되어도 고종의 회답이 없었다. 김창숙은 할 수 없이 고향 땅으로 발길을 돌렸다.

그런데 이승희는 얼마 뒤 대구 경찰서에 체포되었다. 상소문과 함께 일본의 배신과 침략 행위를 규탄하는 글을 주한 일본군 사령부에 보냈기 때문이다. 이승희는 일본 경찰로부터 극심한 고문을 받았다. 그러나 그는 조금도 굴하지 않고 옥중에서 일본 제국주의 침략자들의 잘못을 지적했다.

다음해 4월 감옥에서 풀려난 이승희는 2년 뒤인 1908년 노령 블라디보스토크로 망명하여 유인석·이상설·안중근 등과 독립운동을 전개하게 된다. 김창숙은 이때 이승희를 따라가고 싶었다. 하지만 연로하신 어머니가 계시기 때문에 자신의 뜻대로 할 수 없었다.

이 무렵 서울에서는 권동진·오세창·장지연·남궁억 등이 중심이 되어 '대한협회'를 창립해, 국권 회복을 위한 애국 계몽 활동을 벌이고 있었다. 김창숙은 이 소식을 듣고 책장을 덮으며 중얼거렸다.

"지금 문을 닫고 글만 읽을 때가 아니다. 나라가 곧 망할 텐데."

김창숙은 사랑에서 뛰쳐나와 성주군에서 뜻있는 인사들을 만나러 돌아다녔다. 이덕후·박의동·김원희·이진석·도갑모·이항주·최우동·배상락 등이 그들이었다. 김창숙은 그들을 만난 자리에서 자신의 뜻을 밝혔다.

"서울에서 대한협회가 창립되었다고 합니다. 국민들에게 독립 사상을 고취하고 정부의 매국 정책을 통렬히 배척하는 애국 단체지요. 전국적으로 회원이 약 5천 명 가량 된다는군요. 평양·대구·진주 등 지방에 여러 지회가 있는데, 우리 성주군에도 대한협회 지부를 만들었으면 합니다."

"대한협회라면 매국노 이완용·송병준 등이 해산시킨 대한자강회를 계승한 단체 아닙니까. 대한자강회의 항일 운동을 이어받아 대한협회가 나름대로 열심히 활동하고 있다고 하니, 우리도 이 단체에 동참하는 것이 좋겠습니다."

사람들은 김창숙과 뜻을 같이했다. 그래서 성주군에 대한협회 지부를 창립하기로 결정했다. 김창숙은 지부 사무실을 성주군 향사당에 두기로 하고 창립 총회를 열었다.

향사당은 각 지방의 향중 선비들이 모이는 공청(公廳)인데, 총회가 열린 날에도 유생들이 모여 있었다.

김창숙은 총회에서 지부 총무로 추대되었다.

"신임 총무님께서 한 말씀 해 주시지요."

회원 중 한 사람이 이렇게 제의하자 모두들 박수를 치며 동의했다. 김창숙은 자리에서 일어나 회원들을 둘러보며 말했다.

"우리가 이 모임을 만든 것은 장차 우리의 조국을 구하기 위해서입니다. 우리의 조국을 구하려면 어떻게 해야 하겠습니까? 먼저 낡아빠진 관습을 없애는 일부터 시작해야 합니다. 그런데 낡아빠진 관습을 없애려면 또 어떻게 해야 하겠습니까? 먼저 계급을 타파해야 합니다. 계급 타파를 하려면 이 모임부터 시작해야 할 것입니다."

김창숙이 단호한 어조로 말하자 회원들은 "옳소!" 하고 박수를 치며 환호했다.

그러나 총회를 지켜보던 유생 하나가 김창숙을 향해 삿대질을 하며 고함을 질렀다.

"정신 나간 소리 좀 집어치워!"

그러자 김창숙은 그를 향해 부르짖었다.

"일본 경찰이 방금 칼을 뽑아 들고 우리 문 앞까지 와 있습니다. 이놈들은 도적입니다. 그런데 당신은 도적에게는 굽실굽실하며 맞아들이면서 도리어 나를 꾸짖고 있군요. 나는 당신에게 묻고 싶습니다. 도적에게는 겁을 집어먹으면서 왜 나에게는 용감하십니까? 나를 꾸짖는 그 용기를 도적 몰아내는 데 사용할 수는 없겠습니까?"

그러나 유생들은 그의 말을 수긍하는 눈치가 아니었다. 김창숙이 이런 고루한 유생들과 사이가 나빠진 것은 이때부터였다.

## 4. 애국 운동에 나서다

　김창숙은 신문을 받아 들고 눈이 등잔만해졌다. 신문에는 '일진회 합방 성명서' 내용이 실려 있었던 것이다. '한민족의 행복과 복지를 위하여 한일 두 나라는 합병되어야 한다.'는 것이 그 주요 내용이었다. 김창숙은 분노에 젖은 얼굴로 중얼거렸다.
　"역적들이 이 나라를 왜놈들에게 송두리째 바치려 하는구나."
　일진회가 일제의 앞잡이로 발벗고 나선 것은 이미 몇 년 전부터였다. 1904년 러일 전쟁 때 일본군 통역이었던 송병준이 일진회를 만들어 동학당의 친일 세력인 이용구의 진보회와 통합한 이래, 일제의 지원을 받으며 침략의 앞잡이 노릇을 노골적으로 하고 있었다.
　러일 전쟁 중에는 일본군을 위해 군수 물자를 수송하고 러시아 군의 동태를 정탐했으며, 경의선 철도 부설 공사 중에는 무료 봉사의 노역을 해 주었다.
　또한 을사조약 체결을 며칠 앞두고는 '한국이 일본의 보호를 받아야 한다.'는 '일진회 선언서'를 발표하기도 했다. 그리고 일제가 대대적으로 의병 토벌에 나설 때는 일진회도 '자위단'을 조직하여 의병 토벌에 앞장섰다.

일진회가 합방 성명서를 발표한 데는 까닭이 있었다. 한국인 스스로가 합방을 원하고 있는 것처럼 가장하기 위해서였다. 일본은 한일 합방을 앞두고 일진회를 이용해 여론 조작을 벌인 것이다.

김창숙은 일진회의 송병준·이용구 등이 나라를 일본에 팔아 넘기려 하는데도 이런 역적들을 성토하자고 나서는 사람이 없는 것이 한심했다. 오히려 나라 일을 맡은 대신들은 제 몸에 화가 미칠까 겁내어 이들에게 빌붙어 아첨하는 형편이었다. 김창숙은 보다 못해 분연히 나섰다.

"이 역적들을 성토하지 않는 자 또한 역적이다."

김창숙은 이렇게 외치며 자신을 포함해 김원희·이진석·최우동 등 성주의 애국 동지 네 사람이 서명한 건의서를 직접 중추원에 보냈다. 그리고 그 건의서를 그대로 베껴 놓은 사본을 서울의 각 신문사에 보냈다. 건의서 전문은 이내 각 신문에 실려서 세상에 알려지게 되었다.

그러자 성주에 주재하던 일본 헌병 분견소에서 헌병들이 나왔다. 이들은 네 사람을 헌병 분견소로 끌고 갔다. 헌병 분견소 소장이 김창숙을 직접 심문했다.

"당신들이 건의서를 작성하여 중추원에 보냈다는데 사실인가?"

"사실이다."

"건의할 일이 있으면 먼저 우리 헌병 분견소를 통해서 할 것이지, 왜 직접 중추원에 건의서를 보냈는가?"

"우리는 우리 나라 역적을 성토했을 뿐이다. 이 일이 당신네 일본인

들과 무슨 상관이 있는가?"

"당신들은 어째서 일진회를 역당으로 모는가? 송병준·이용구 등이 정말 역적인가?"

"송병준·이용구 등은 대한의 백성이다. 그런데 감히 한일 두 나라가 합방되어야 한다고 떠들어 대니 역적이 아니고 무엇인가? 우리는 저 역적들과 같은 하늘 아래서 살지 않기로 맹세했기 때문에 그들을 성토했을 뿐이다."

김창숙은 더듬거나 얼버무리지 않고 자신의 의견을 또렷이 말했다. 심문은 계속되었다.

"한국은 정치가 부패하였고 경제가 파탄에 이르렀다. 일본 정부가 잘 보호해 주지 않으면 자립하기 어려운 실정이다. 이번에 송병준·이용구 등이 한일 합방을 제창한 것은 이런 현실을 꿰뚫어보고 천하 대세에 따른 것이다. 당신들이 그들을 역적으로 모는 것은 시세를 잘 아는 사람들의 비웃음을 사기에 알맞다."

"일본 사람이 송병준·이용구 등을 현실을 꿰뚫어보고 천하 대세에 따른 인물로 인정한다면, 나는 일본이 망할 날도 얼마 남지 않았다고 본다. 가령 일본이 우리 한국의 형편처럼 되어 미국같이 부강한 나라가 대군을 이끌고 와서 위협한다고 하자. 그때 미국에 아부하는 일본 사람이 있어 미일 합방을 제창한다면 당신들은 그를, 현실을 꿰뚫어보고 천하 대세에 따른 인물로 인정하겠는가? 당신네 일본 사람들은 충신과 역적도 분간할 줄 모르니, 앞으로 나라를 팔아먹을 역적들이 줄지어 나타날 것이다. 따라서 일본이 망할 날도 얼마 남지 않았다고 본다."

김창숙이 이렇게 말하자 소장은 발끈 성을 내며 소리쳤다.

"당신네 황제가 만일 한일 합방을 허락한다면 당신들은 어떻게 할 건가? 그래도 반대할 텐가?"

"우리 황제는 매국노의 말을 들어 허락할 분이 아니다. 만에 하나 허락한다 해도 그것은 난명(정상적인 사고를 할 수 없는 혼미한 상태에서 내린 명령)이다. 그러므로 나는 이를 따르지 않겠다."

"황제의 명을 따르지 않겠다? 그건 반역이 아닌가?"

"나라가 임금보다 더 중하다. 난명에 따르지 않는 것이 바로 나라에 충성하는 길이다."

김창숙에 이어 김원희·이진석·최우동이 차례로 심문을 받았다. 그들 역시 김창숙과 마찬가지로 자신의 뜻을 굽히지 않았다.

늦은 밤에야 풀려난 네 사람은 다음 날에는 성주 경찰 주재소로 끌려갔다. 경찰 주재소 소장은 헌병 분견소 소장보다 더 거칠고 사나웠다. 그는 협박과 공갈로 네 사람을 위협했다. 그러나 김창숙은 당당히 맞섰다.

"내가 역적을 성토한 경위는 이미 헌병 분견소 소장에게 전부 말했다. 궁금한 것은 그자에게 가서 알아보고 우리에겐 더 이상 따지지 마라. 당신들의 위협 공갈로 우리의 의기가 꺾이지는 않을 것이다."

그 이튿날에는 헌병 분견소로 또 연행되었다. 소장은 첫날과는 달리 웃음 띤 얼굴로 일어나 맞으며 이렇게 운을 뗐다.

"당신들은 옛 글만 읽어서 세상 돌아가는 시세를 알지 못해 이번 일을 저질렀을 것이다. 건의서를 취소하고 동양 평화를 강구하는 것이 한일 두 나라를 위해서 옳지 않겠는가?"

"일본이 송병준·이용구 같은 매국노를 이용해서 한국을 합병하려 한다면 한일 두 나라는 영원한 원수가 될 것이다. 그리고 동양에는 평화의 날도 결코 오지 않을 것이다. 우리가 이 역적들을 성토하는 것은 그야말로 한일 두 나라의 행복과 동양 평화의 길을 강구하는 것이다. 따라서 이번 건의서는 당신들이 아무리 협박해도 결코 취소하지 않겠다."

다음 날에는 경찰 주재소로 또 연행되었다. 소장은 건의서를 취소하라고 요구했으나 네 사람은 이를 거절했다.

그후에도 헌병 분견소와 경찰 주재소 두 곳에 번갈아 연행 당하여 건의서를 취소하라는 온갖 꼬임과 협박을 받았다. 무려 10여 차례나 심문을 받았으나 네 사람은 서로 격려하여 버티고 끝내 흔들리지 않았다. 마음을 돌리는 데 실패하자, 일본 헌병과 경찰에서는 밀정을 풀어 김창숙의 뒤를 항상 따라다니게 했다.

김창숙이 중추원에 보낸 건의서는 내각으로 이첩되었는데, 이완용 등 친일 대신들이 처리하지 않고 방치해 버렸다. 그의 건의서는 묵살당하고 만 것이다. 1909년 12월의 일이었다.

이듬해 봄, 김창숙은 서울에 올라가게 되었다. 성주군 대표로 '단연 동맹회' 회의에 참석하기 위해서였다. 단연 동맹회는 담배를 끊어 나라 빚을 갚자는 취지로 1907년에 결성된 모임이었다. 이 모임을 처음으로 발기한 사람은 대구의 광문사 사장 김광제와 부사장 서상돈인데, 2월 16일자 〈대한매일신보〉에 다음과 같이 발기 취지를 밝혔다.

**국채 1,300만 원은 바로 우리 대한 제국의 존망에 직결되는 것으로, 이를 갚지 못하면 나라가 망할 것이다. 국고로써는 해결할 도리가 없으므로 2천만 국민이 3개월 동안 담배를 끊고 그 돈으로 국채를 갚아 나라의 위기를 구하자.**

그 당시 한국은 제1차 한일 협약 이후 메가다가 재정 고문으로 부임해 오면서 1천만 원의 차관을 도입했다. 그런데 그 돈은 경찰서를 늘리고 도로를 만드는 등 통감부에 의해 임의로 사용되었다. 즉, 일제의 식민지 건설을 위한 터 닦기 작업에 사용된 것이다. 그 돈은 고스란히 빚으로 남게 되었다. 기왕에 진 빚 300만 원을 합해 1,300만 원이었다.

나라 빚 1,300만 원을 담배를 끊어 갚자는 국채 보상 운동은 대구에서 시작되어 전국 각지로 퍼져 나갔다. 서울의 '국채 보상 기성회' 등 20여 개에 이르는 국채 보상 운동 단체가 조직되어 적극적으로 모금 운동에 나섰다.

모금 운동에는 각계 각층이 참여했으며, 심지어 노동자·인력거꾼·기생·백정 등 하층민들까지도 참여했다. 특히, 여성들은 패물을 모아 의연금으로 내놓는 등 적극적으로 참여했다.

담배를 끊어 절약된 돈을 모아 국채 보상에 쓰자고 성립된 단연 동맹회에 김창숙도 적극적으로 참여했다. 성주군에서 발벗고 나서서 10여만 원을 모았다.

서울에서 열린 단연 동맹회 모임에는 300여 명이 참석했는데, 전국 각지에서 모금한 돈을 어떻게 처리할 것인지 의논했다. 그런데 저마다 처리 방법을 놓고 의견이 달라 중론이 모아지지 않았다.

그때 일진회 대표 김상범이 자리에서 일어나 의견을 말했다.

"전국에서 모금한 돈을 일단 중앙으로 한데 모읍시다. 그런 다음 각 정당의 감독 아래 일진회에서 관리하는 게 어떨까요?"

김상범이 채 발언을 끝내기도 전에 김창숙이 벌떡 일어났다. 그는 회의장이 떠나가라 큰 소리로 외쳤다.

"이 돈을 전부 중앙에 모아 두고 정당이 관리하는 것도 위험한데, 뭐 일진회에 맡기라고요? 나라를 팔아먹는 역적들의 호주머니에 돈을 넣어 주라니 그게 말이 되는 소리요? 나라 빚을 갚지 못할 바에는 차라리 그 돈으로 학교를 세워 인재를 양성하는 것이 낫습니다. 나는 고향으로 내려가면 우리 군에서 모금한 돈 전부를 학교를 세우는 데 쓰겠습니다."

김창숙은 단연 동맹회에 탈퇴 성명서를 제출한 뒤 회의장을 나와 버렸다.

고향으로 내려온 김창숙은 즉시 동지들을 불렀다. 김원희·도갑

모·이항주·이진석·배동옥 등이 그를 찾아왔다. 김창숙은 그들에게 말했다.

"서울에서 나는 우리 군에서 모금한 돈으로 학교를 세우겠다고 선언했소. 여러분은 이 문제에 대해 어떻게 생각하시오?"

"잘하셨습니다. 일진회 매국노들에게 돈을 맡기느니 교육 기관에 투자하는 것이 백 번 낫지요."

모두들 찬성의 뜻을 밝혔다.

"그렇다면 구체적으로 어떻게 학교를 세울 것인지 의논해 봅시다. 우리 군에서 모은 돈이 전부 10여만 원인데, 이 돈 가지고는 학교 건물을 짓는 데 턱없이 부족하고 차라리 우리 군 안에 있는 서원 건물을 수리해 학교 건물로 사용하는 게 어떻겠소?"

김창숙의 제의에 모두들 찬성했다. 그래서 청천 서원을 학교 건물로 사용하기로 했다.

청천 서원은 김창숙의 선조인 동강 김우옹을 모신 서원이었다. 김창숙은 곧 목수를 불러서 청천 서원을 수리해 교실을 만들었다. 그리고는 사립 '성명학교'라는 간판을 내걸고 9월 초순에 개교하기로 결정했다.

청천 서원이 학교 건물로 바뀌자 유생들이 떼지어 일어났다. 그들은 한 목소리로 "김창숙이 나와서 청천 서원이 망한다."고 김창숙을 공격했다. 김창숙은 그들에게 자신의 입장을 이렇게 밝혔다.

"걱정할 것 없습니다. 나는 우리 조상을 잊고 유림을 저버릴 사람이 아니니까. 나는 사방에서 배움에 목말라 모여드는 젊은이들을 거절하지 못하겠습니다. 그들이야말로 새 시대가 원하는 선비가 아니겠습니까? 나는 그들을 양성하고 싶을 따름입니다."

그러나 김창숙의 뜻을 이해할 만큼 트인 유생들은 별로 없었다. 그들은 철저히 김창숙을 배척했다.

## 5. 비분의 나날들

1910년 8월 29일, 김창숙은 통곡을 하고 말았다. 8월 22일 한일 합병 조약이 체결되고 일 주일 뒤에 이를 선포하였던 것이다. 8개조로 된 이 조약은 제1조에 '한국 정부에 관한 일체의 통치권을 완전히 또 영구히' 일본에게 넘겨주기로 규정하고 있었다.

이로써 27대 519년에 이르는 조선 왕조가 망하고 한국은 일본의 식민지가 되어 버린 것이다. 일본은 통감부 대신에 조선 총독부를 세우고 데라우치를 초대 총독으로 임명했다.

김창숙은 피눈물을 흘렸다.

"나라가 망했는데 선비로서 세상을 사는 것은 큰 치욕이다."

김창숙은 이렇게 중얼거리며 날마다 술을 마셨다. 맨 정신으로는 견딜 수 없어 취할 때까지 술을 마셨다. 그리고 술에 취하면 울고 또 울었다. 생각하면 할수록 분하고 어처구니없는 일이었다. 원수의 나라 일본에게 나라를 빼앗기고 식민지 백성으로 전락하다니, 민족의 수치가 아닐 수 없었다.

김창숙은 날마다 술독에 빠져 지냈다. 술에 취하면 나라가 망했다고 큰 소리로 목놓아 울었다. 누가 곁에 있든 없든 가리지 않고 술집이 떠나가라 울부짖었다.

"나라를 이 꼴로 만들어 놓고 내가 선비라고 할 수 있는가!"

김창숙은 한번 통곡을 시작하면 쉽게 그치는 법이 없었다. 보다 못해 술집 안에 있던 한 사람이 김창숙에게 위로의 말을 던졌다.

"그만 그치시게. 나라가 흥하고 망하는 것은 하늘에 달린 걸세. 이제 와서 술에 취해 통곡한들 무슨 소용이 있겠는가?"

김창숙은 그 사람을 무섭게 노려보았다. 그의 눈은 분노로 이글거리고 있었다.

"나라가 흥하고 망하는 것이 하늘에 달렸다고? 그렇다면 당신은 개 돼지에게 절하겠다는 거요? 개 돼지에게 절하겠다면, 당신도 똑같은 개 돼지요!"

김창숙은 비위에 거슬리면 아무에게나 독설을 퍼부었다. 그리고 그를 피해 달아나는 사람이 있으면 끝까지 쫓아가 때리기까지 했다.

어느 날, 김창숙은 장터에 나가 또 술을 마셨다. 평소의 습관대로 자제하지 않고 폭주를 했다. 그래서 집에 돌아올 때는 몸을 가누지 못할 정도로 잔뜩 취해 버렸다. 김창숙은 집에 돌아오는 길에 산골짜기에 쓰러져 또 통곡하기 시작했다.

"아, 부끄럽다 부끄러워! 나라가 망했는데도 나는 뻔뻔스럽게 버젓이 살아 있다니!"

그때였다. 친구가 지나가다가 김창숙을 발견하고 다가와서 물었다.

"아니, 자네 행색이 그게 뭔가? 갓은 어디 두고 쓰지 않았어?"

친구가 묻는 것도 무리가 아니었다. 김창숙은 길바닥을 뒹굴어 옷이 엉망인데다 갓마저 벗어 던져 거지꼴이 되어 있었던 것이다. 김창숙은 취한 목소리로 중얼거렸다.

"요즘 같은 세상에 갓은 써서 무엇 하나? 갓과 신발이 거꾸로 되었는데."

김창숙은 눈을 게슴츠레 뜨고 주위를 둘러보았다. 갓이 저만치 바위 밑에 나뒹굴어 있었다. 김창숙은 비틀거리며 다가가 갓을 집어들었다. 그리고 그 갓을 땅바닥에 내던져 발로 밟아 버렸다. 친구가 말릴 사이도 없이 순식간에 벌어진 일이었다. 친구는 어이없는 표정으로 바라보다가 김창숙에게 말했다.

"자네 심정은 이해하지만 몸을 생각해야지, 허구한 날 술에 취해 지내서야 되겠나. 그러지 말고 내일부터 낚시질을 다니게. 낚시를 하면 마음이 한결 편안해질 걸세."

친구는 김창숙을 자신의 집에 데려가 낚싯대를 빌려주며 낚시를 권했다.

김창숙은 다음 날부터 낚시를 다니기 시작했다. 술을 마시면 낚싯대를 들고 낚시터에 가서 앉아 있었다. 비바람이 몹시 불어도 종일토록 돌아갈 줄을 몰랐다. 낚시터에 앉아 있는 그를 보고 가끔 마을 사람들이 다가와 묻곤 했다.

"고기를 얼마나 낚았소?"

"한 마리도 낚지 못했소."

"아니, 하루 종일 앉아 있는데도 언제나 빈 바구니이니 무슨 재미로 낚시를 하는 거요?"

마을 사람들은 이해할 수 없다는 듯 고개를 갸우뚱했다.

김창숙이 대답했다.

"나는 고기를 낚으려고 물가에 앉아 있는 게 아니오. 물 밑의 고기가 마음대로 헤엄치며 놀고 있는 것을 보려고 나왔을 뿐이오. 고기들이 자유롭게 헤엄치는 모습을 보면 기분이 좋아지거든."

이렇게 낚시터에서 물고기를 벗하며 지내고 있던 어느 날이었다. 김창숙의 집으로 일본 경찰이 들이닥쳤다.

"집 안을 샅샅이 뒤져라!"

상관의 명령에 따라 경관들은 김창숙의 집 안을 이 잡듯이 뒤졌다.

"이게 무슨 짓이오? 남의 집에 함부로 들어와서."

김창숙은 노기 띤 얼굴로 상관에게 따져 물었다. 상관이 대답했다.

"우리는 단연 동맹회 성주 지부 단연금 장부를 찾으러 왔소. 당장 장부를 내놓으시오."

"그 장부는 성명학교 운영 기금의 장부인데 왜 함부로 빼앗아 가려는 거요?"

김창숙이 이렇게 항의하고 있을 때 집 안을 뒤지고 있던 경관 하나가 소리쳤다.

"장부를 찾았습니다!"

경관은 장부를 가져와 상관에게 넘겼다. 상관이 말했다.

"이것은 본래 국채를 갚기 위해서 모금한 것이오. 따라서 국고로 들어가야 하는데 어째서 함부로 학교 운영 경비로 쓰는 거요?"

일본 경찰은 오히려 성을 내며 장부를 빼앗아 가 버렸다. 김창숙은 한숨을 길게 내쉬며 탄식했다.

"이미 나라가 없어졌는데 학교라고 남아 있겠는가."

그 즈음 일본 당국은 식민지 한국 사람들의 환심을 사기 위해 회유 정책을 폈다. 3천 원의 공채를 모집하여 그 돈으로 이른바 '은사금'이란 것을 나누어 준 것이다. 친일파 3,559명, 양반 유생 9,811명, 효자·열녀 3,559명, 과부·홀아비 7만 92명이 그 대상이었다.

돈을 나누어 주자 끝내 거부한 사람도 많았지만, 얼씨구나 하고 덥석 받은 양반들도 많았다. 이들은 돈을 받아 들고 뛸 듯이 기뻐했다. 김창숙은 이런 양반들을 만나면 침을 뱉고 꾸짖었다.

"돈에 팔려서 적에게 아첨하다니 당신들이 사람인가? 에이, 개 돼지 같은 놈들! 명색이 양반이라면서 왜놈들이 주는 돈을 받아?"

김창숙은 이들에게 욕을 퍼부어 주며 시를 읊고 통곡했다.

나라가 망하니
양반이 먼저 망해서
양나라 조정에 춤추는 자들
대부분 최가 노가이더라.

이 시는 경술 국치 때 스스로 목숨을 끊은 매천 황현의 시였다. 당나라가 망하자 최씨, 노씨 등 대표적인 귀족들이 모두 양나라에 투항하여 계속 벼슬하고 있었던 것을 풍자한 내용이었다. 김창숙은 이 시에 빗대어 일제의 은사금에 놀아나는 양반들의 작태를 한탄했던 것이다.

김창숙은 이 일을 계기로 해서 평소에 서로 알고 지내던 양반들과는 발길을 끊고 지냈다. 그 대신 하인배들과 밤낮으로 붙어 다녔다. 이들은 술꾼, 노름꾼들이었다. 김창숙은 이들과 어울려 다니며 날마다 술을 퍼마시고 윷을 던졌다.

읍내 장터를 미친 듯이 노래하며 쏘다니거나, 헝클어진 머리로 산과 바다를 헤매 다니기도 했다. 그러다가 마음에 맞는 친구를 만나면 두어 달이 지나도 헤어질 줄 몰랐다. 하지만 세상 돌아가는 이야기를 하다가 생각이 맞지 않으면 침을 뱉어 꾸짖고 그 자리에서 헤어지곤 했다. 이러한 김창숙을 보고 사람들은 수군거렸다.

"김창숙이 미쳤어."

그러나 김창숙은 미쳤다는 소리를 들어도 개의치 않았다. 오히려 고개를 끄덕이며 이렇게 스스로 시인했다.

"그래, 맞아. 내가 생각해도 미친 게 틀림없어. 남들이 나를 아주 잘 본 거야."

그러던 어느 날이었다. 김창숙은 평소에 친하게 지내던 한 친구를 길에서 우연히 만났다. 그 친구는 김창숙을 보자 손목을 덥석 잡고 눈물을 흘리며 말했다.

"창숙이, 오랜만일세. 남들이 모두 자네를 미쳤다고 하는데, 정말 자네가 미쳤단 말인가?"

김창숙은 대답 대신 친구의 얼굴을 쳐다보았다. 친구의 눈에서 눈물 줄기가 볼을 타고 흘렀다.

"자네는 왜 눈물을 흘리는가? 나를 위해 눈물을 흘리는가?"

"여보게, 창숙이. 나라가 망했다고 너무 슬퍼하지 말게. 나라가 망해서 소나 말처럼 얽매어 살게 된 것도 어쩔 수 없는 운명 아닌가. 일본 사람들 밑에서 살더라도 자기 처신하기에 달린 걸세. 자네가 조심해서 자신을 잘 지키면 일본 사람인들 자네를 어떻게 하겠나."

김창숙은 친구의 말을 듣고 벌컥 화를 냈다.

"그걸 말이라고 하는가? 자네는 나보고 자네처럼 소나 말이 되란 말인가?"

김창숙은 버럭 고함을 지르며 친구의 귀싸대기를 갈겼다.

"나를 고작 생각해 준다는 것이 소나 말이 되라는 건가? 그 따위 소리를 하려면 썩 꺼져!"

김창숙은 친구의 엉덩이를 힘껏 걷어찼다. 그러자 친구는 길바닥에 나동그라졌다.

"이 사람이 정말 미쳤군."

친구는 눈물을 닦으며 혼자 중얼거렸다. 그리고 얼른 일어나서 그대로 달아나 버렸다.

김창숙의 방황은 1913년까지 계속되었다. 그 해 여름에 길을 떠나정처 없이 떠돌아다니니 어느새 겨울이었다. 그는 몸과 마음이 지친 상태에서 겨울 철새처럼 고향집을 찾아들었다.

어머니는 초췌한 얼굴로 돌아온 아들의 손을 잡고 울면서 훈계의 말을 했다.

"너는 훌륭하신 조상의 종손으로 책임이 막중하다. 우리 집안의 장래가 너 하나에 달렸느니라. 그리고 이 어미가 의지하고 살아갈 사람이 너 말고 또 누가 있겠느냐? 그런데 너는 경술년(1910년) 이후 전혀 딴사람이 되어 버렸다. 술꾼, 노름꾼들과 어울려 다니며 날마다 하는 짓이 남을 욕하고 때리는 것이었다. 남들은 이런 너를 보고 미치광이라 하더구나. 이 어미도 네가 정말 미쳤나 생각했다. 미치지 않고서야 어찌 그런 행동을 하고 돌아다닐 수 있겠느냐? 너는 조상의 명예를 땅에 떨어뜨렸다. 그러니 네 어찌 문정공(김창숙의 13대조인 동강 김우옹의 시호)의 사당에 서겠느냐?"

어머니는 여기까지 말하고 아들을 바라보았다. 김창숙은 어머니 앞에 엎드려 눈물을 흘리고 있었다.

"나는 네가, 나라가 망한 것이 분하고 원통해 울분의 감정에 휩싸여 스스로 자제하지 못하고 도리에 어긋난 행동을 한 것으로 안다. 하지만 지금도 늦지 않았느니라. 학문의 세계에는 스스로 즐거움을 찾을 곳이 있어 편안한 마음으로 살아갈 수 있다. 네가 잘못을 고쳐 착하게 되어 구름 속에 가려졌던 해와 달이 다시 떠오르듯이 한다면, 사람들은 반드시 너를 우러러보고 탓하지 않을 것이다. 네 나이

서른다섯이니 아직 젊다. 이제부터라도 마음을 다잡아 학문에 힘쓰고, 서서히 우리 나라의 광복을 도모하되 기회를 보아 움직이거라. 이것이 곧 너의 나아갈 길이니라. 네가 늙은 어미의 훈계를 잘 생각해서 스스로 새사람이 되어 분발한다면 나는 지금 죽어도 여한이 없겠다."

김창숙은 어머니의 훈계를 듣고 하염없이 눈물을 흘렸다. 스스로의 잘못을 뉘우치는 참회의 눈물이었다.

그날부터 김창숙은 바깥 출입을 끊고 집안에 들어앉았다. 전에 사귀던 술꾼, 노름꾼들이 집에 찾아와도 만나지 않았다. 오로지 정성을 다해 어머니를 모셨다. 그러자 어머니는 기쁨이 넘친 얼굴로 말했다.

"내가 이제야 마음이 놓이는구나. 네가 완전히 새사람이 되었으니 말이다. 전에 네가 굴레 벗은 말처럼 날뛴 것은 공부를 하지 않아서이다. 지금부터라도 성현의 글을 읽고 의리의 학문에 마음을 쏟거라. 그리고 세상을 다스려 나갈 만한 도를 익혀라. 그러면 장차 크게 쓰일 날이 올 것이다."

김창숙은 어머니의 가르침에 따라 학문에 힘썼다. 유림의 집안이었던 그의 집에는 좋은 책이 많았다. 그는 4, 5년 동안 독서에 전념하며 세상과는 담을 쌓고 지냈다.

# 6. 3·1 운동과 파리 장서 사건

1919년(기미년) 2월, 김창숙은 서울에서 보낸 편지 한 통을 받았다. 편지를 보낸 사람은 성태영이었다.

**광무(고종) 황제의 인산(국장)이 3월 3일에 거행될 예정이라네. 그때 국내 인사들이 모종의 일을 일으키려 하니 자네도 빨리 서울로 올라오게. 혹시 시기를 놓쳐 후회하는 일이 없도록.**

김창숙은 편지를 읽고 눈을 빛냈다. 국내 인사들이 서울에서 모종의 일을 일으키려 한다니, 참으로 반가운 소식이었다. 그러나 김창숙은 당장 서울로 올라갈 형편이 못 되었다. 어머니가 병환으로 몸져누워 있었기 때문이다. 김창숙은 어머니의 병환에 차도가 있자, 2월 그믐날에 서울로 올라갔다. 그는 성태영을 찾아갔다. 성태영은 김창숙을 만나자마자 대뜸 이렇게 말하며 아쉬운 표정을 지었다.

"자네 왜 이제 오는가? 3월 1일에 조선 독립 선언서를 발표할 참인데, 자네는 늦게 와서 서명할 기회를 놓쳐 버렸지 않았나. 독립 선언서 인쇄는 벌써 끝났네."

성태영이 말한 대로 독립 선언서 인쇄가 완전히 끝난 것은 2월 27일이었다. 독립 선언서는 제1차 인쇄가 끝난 25일부터 기독교 · 천도교 · 불교 등 종교 교단을 중심으로 전국에 배포되고 있었다.

독립 선언서에 서명한 민족 대표는 모두 33명이었다. 기독교 측은 이승훈 · 함태영 등 16명, 천도교 측은 손병희 · 최린 등 15명, 불교 측은 한용운 · 백용성 2명이었다.

이들이 독립 선언에 관한 일을 의논하기 시작한 것은 2월 8일 일본의 젊은 유학생들이 독립 선언을 한 직후였다. 도쿄의 한국인 남녀 학생들의 모임인 조선 청년 독립단이, 한국의 독립을 요구하는 선언서와 결의문을 선포하였던 것이다.

**조선 청년 독립단은 우리 2천만 민족을 대표하여 정의와 자유의 승리를 얻은 세계 만국 앞에 독립됨을 선언하노라.**

일본의 한복판인 도쿄에서 젊은 유학생들이 과감하게 '2 · 8 독립 선언'을 하였으니, 국내 인사들이 팔짱을 끼고 보고만 있을 수는 없었다. 이미 10년 전부터 독립 시위 운동을 준비하고 있었던 천도교의 손병희 등은 기독교의 이승훈 등과 의논하여 3월 1일 정오에 파고다 공원에서 독립 선언을 하고 만세 시위 운동을 벌이기로 했다. 여기에 불교의 한용운 등이 참여하여 독립 선언서에 서명할 민족 대표 33명을 결정했다.

거사 날짜를 처음에는 3월 3일로 정했다. 3월 3일은 고종의 인산 날이어서 많은 사람들이 서울로 모일 것을 예상했기 때문이다. 그러나 돌아가신 분에 대한 예의가 아니라는 생각에 이틀 앞당겨 3월 1일로 확정했다.

김창숙이 서울에 도착한 다음 날은 3월 1일이었다. 그런데 민족 대표 33명은 파고다 공원에서 모이지 않고, 인사동에 있는 태화관이란 음식점에서 오후 2시에 모였다. 전날 가회동 손병희 집에서 회합을 가졌을 때, 파고다 공원에는 많은 사람이 모일 것이므로 혼란을 피하기 위해 장소를 태화관으로 바꾸었던 것이다.

태화관에는 민족 대표 33명 가운데 29명이 참석했다. 손병희의 제의로 먼저 한용운이 간단한 인사말을 하고 그의 선창으로 만세 삼창을 했다.

이때 최린은 일부러 태화관 주인을 불러 일본 경찰에 신고하게 하고, 독립 선언식은 불과 15분 만에 끝냈다. 민족 대표들은 마지못해 끌려가는 것이 아니라 제발로 당당하게 잡혀 가자고 결의한 터라 경찰이 들이닥치자 순순히 잡혀 갔다.

한편, 파고다 공원에는 아침부터 4천, 5천 명의 학생들이 모여들었다. 서울 시내 곳곳에는 인산일을 앞두고 지방에서 올라온 사람들로 가득 차 있었다.

오후 2시가 지나도 민족 대표들이 나타나지 않자, 정재용이란 학생이 팔각정에 올라갔다. 그는 낭랑한 목소리로 독립 선언서를 낭독하기 시작했다.

"오등은 자에 아 조선의 독립국임과 조선인의 자주민임을 선언하노라."

낭독을 마친 정재용은 선창으로 대한 독립 만세를 외쳤다. 그러자 학생들은 모자를 공중에 날리고 태극기를 흔들며 일제히 만세를 외쳤다.

"대한 독립 만세!"

"대한 독립 만세!"

"대한 독립 만세!"

만세 소리는 함성이 되어 서울 하늘에 크게 울려 퍼졌다.

독립 선언식을 마친 학생들은 공원을 나섰다. 이들의 시위 행렬에

는 수많은 군중이 가담했으며 거리는 만세 소리로 들끓었다.

이때 김창숙도 동지인 성태영, 김정호 등과 함께 오전 11시경 파고다 공원 북문 앞에 나와 시위 행렬에 가담해 있었다. 그는 독립 선언서를 읽어 보고 스스로 한탄했다.

"민족 대표 33명 중에 유교 쪽에서는 한 사람도 참여하지 않았으니 참으로 수치스럽구나."

김창숙은 여관에 돌아와서도 마음이 괴로웠다.

'우리 나라는 유교의 나라였다. 우리 나라가 망한 것은 따지고 보면 유교가 먼저 망했기 때문이다. 그런데도 유교에서는 독립 선언서에 아무도 서명하지 않았으니, 세상 사람들은 유교를 어떻게 보겠는가? 썩은 선비들이라고 손가락질할 것이 아닌가.'

김창숙은 세상 사람들의 야유와 비난의 소리가 귀에 들리는 것 같

왔다.

김창숙이 탄식하고 있을 때 김정호가 뒤따라 들어왔다. 김창숙은 김정호에게 자신의 생각을 털어놓았다. 이제는 유교인들이 무슨 낯을 들고 다니겠냐는 말도 했다. 그 말을 할 때는 저도 모르게 눈물이 나왔다. 김정호는 잠자코 듣고 있다가 입을 열었다.

"한탄만 하지 말고 이 치욕을 씻을 길을 찾아보세."

"암, 그래야지. 이 치욕을 씻지 못하면 나와 자네는 모두 유교의 죄인일세."

김창숙은 눈물을 닦고 김정호를 바라보았다. 김창숙의 눈빛은 다른 날보다 형형했다.

"무슨 좋은 방법이 없겠나? 자네가 생각한 것이 있으면 말해 보게."

김정호가 넌지시 묻자 김창숙은 그제야 자신의 생각을 털어놓았다.

"지금 서울에는 고종 황제의 인산에 참석하려고 유교인이 거의 수십만 명이 모여 있네. 자네와 내가 손을 잡고 이들을 한꺼번에 움직일 수 없을까? 그렇게만 된다면 유교인의 치욕을 씻을 텐데 말이야. 지금 손병희 등이 독립 선언서를 발표해서 국민들에게 독립 사상을 고취시켰지만, 국제적인 운동을 벌인다는 소리는 듣지 못했네. 그래서 하는 말인데, 우리가 파리 평화 회의에 대표를 파견하는 게 어떨까? 세계 여러 나라 대표들에게 호소하여 우리의 독립을 인정하도록 하는 걸세. 그러면 우리 유림도 광복 운동의 선구자로서 부끄러움이 없을 걸세."

김창숙의 말에 김정호는 무릎을 쳤다.

"그것 참 좋은 생각이네. 그런 생각이 있다면 당장 시작하지 뭘 망설이는가?"

"이 일은 우리 두 사람만으로는 될 일이 아니네. 명망이 높은 유림의 최고 지도자가 나서야 전국의 유림들을 움직일 수 있을 걸세. 그래서 내 생각에는 경상도 거창으로 급히 사람을 보내 곽종석 선생의 지시를 받아 이 일을 추진하는 게 나을 성싶은데. 그리고 이 일은 극비리에 추진해야 하네. 평소 친하게 지내던 사람부터 포섭해 나가고, 우리가 영남 사람이니 영남에서부터 시작해 보세."

두 사람은 그날 저녁 곽윤과 김황을 만났다. 곽종석 선생에게 내려가서 유림 대표가 파리 평화 회의에 보낼 글을 미리 준비하도록 부탁하고, 이튿날 두 사람을 거창으로 떠나보냈다.

그 다음 날 김창숙은 성태영의 집을 찾아갔다. 성태영의 집에는 이중업·김정호·유준근·유진태 등이 모여 있었다.

"전국의 유림에게 연락할 방법을 상의해 보세."

김창숙이 동지들을 둘러보며 안건을 꺼내자 김정호가 입을 열었다.

"전국 지역을 나누어 맡는 게 어떨까? 각자 맡은 지역을 한 바퀴 돌고 3월 보름쯤에 서울에서 다시 모이는 거야."

"그게 좋겠군."

모두가 찬성하여 담당 지역을 정했다. 김창숙은 경상도를 맡기로 했고, 김정호는 충청남도를 맡기로 했다. 그리고 이중업은 강원도와

충청북도를, 성태영은 경기도와 황해도를, 유준근은 전라도를, 윤중수는 함경도를, 유진태는 평안도를 맡기로 했다.

다음 날 김창숙은 경상도로 떠났다. 먼저 순흥·석탄·안동 등을 들러 일가 친척들을 만나 각 지방 인사들에게 연락할 것을 부탁했다. 모두들 흔쾌히 부탁을 들어 주었다.

김창숙은 왜관을 거쳐 집으로 돌아왔다. 어머니는 여러 날 독감을 앓고 있었는데, 며칠 지나자 차츰 나아졌다. 김창숙은 어머니에게 그동안 있었던 일을 자세히 들려주었다. 그리고 장차 유림의 대표로 해외에 나갈 것 같다는 이야기도 했다. 그러자 어머니는 김창숙의 손을 잡으며 말했다.

"네가 이미 나라 일에 몸을 허락했으니, 늙은 어미를 생각하지 말고 어서 떠나거라."

"어머니!"

"너의 이번 거사와 이번 걸음은 네가 평소에 소원하던 바 아니냐. 늙은 어미에 마음 쓰지 말고 힘써 하여라."

김창숙에게는 아내와 자식들이 있었다. 집을 떠나는 날 김창숙은 이들에게 인사를 받은 뒤, 뜰 아래 엎드려 어머니에게 하직 인사를 드렸다. 그러나 일어서서 문을 나설 때는 발길이 무거워 얼른 옮길 수가 없었다. 김창숙은 열 걸음에 아홉 번을 뒤돌아보았다. 그러자 문에 기대어 서 있던 어머니는 아들을 꾸짖었다.

"어서 떠나거라! 잃어버린 나라를 찾으러 가면서 너는 어찌 가정을

잊지 못하느냐! 맡은 짐이 무거우니 빨리 떠나가서 대사를 그르치는 일이 없도록 하여라."

어머니는 조금도 슬퍼하는 기색을 밖으로 드러내지 않았다. 오히려 아들의 등을 떼밀며 빨리 떠날 것을 재촉했다. 김창숙은 눈물을 흘리며 집을 떠났다. 어머니는 아들의 모습이 보이지 않을 때까지 꼼짝 않고 서 있었다.

김창숙은 다음 날 거창에 도착하여 곽종석의 집을 찾아갔다. 곽종석은 마침 병상에 누워 있었다. 그러나 김창숙이 방으로 들어서자 그는 간신히 일어나 앉으며 김창숙의 손을 잡았다.

"어서 오게. 그렇잖아도 자네를 기다리고 있었네. 지난번에 곽윤과 김황이 와서 자세한 이야기는 들었네. 그 이야기를 듣고 얼마나 가슴이 뛰던지. 이 늙은이가 망국 대부(망하여 없어진 나라의 벼슬아치)로서 늘 죽을 자리를 못 얻어 한스러웠는데, 이제 전국의 유림을 이끌고 세계 만방에 대의를 외치게 되었으니 얼마나 다행인가. 내가 이제야 죽을 자리를 얻게 되었네."

김창숙은 곽종석으로부터 파리 평화 회의에 보낼 글(유림 독립 청원서, 일명 '파리 장서')을 받아 챙겼다.

떠날 채비를 마치자 곽종석은 김창숙에게 몇 마디 당부를 했다.

"파리에 갈 대표는 자네 말고 달리 사람을 구하기 어려운 형편이니 자네가 맡아 주게. 여비는 걱정하지 말게. 당연히 유림 전체가 책임질 테니. 파리에 가려면 중국 베이징, 상하이를 거쳐야 할 것인데,

자네는 해외 사정에 어두우니 이승만·이상룡·안창호 같은 분들
과 미리 상의하는 것이 좋을 거야. 그리고 파리에서 돌아오는 길에
중국에 머물어 활동하게 될 터인데, 아무래도 중국 혁명당 요인과
손을 잡아야만 지원을 받을 수 있을 걸세. 그래서 내가 한 사람 소개
할 테니 그 사람과 사귀어 지원을 청해 보게. 그 사람의 이름은 '이
문치'이네. 윈난(운남) 출신인데 중국 국민당 안에서 학문으로 명망
있는 사람이야."

김창숙이 갖은 고생 끝에 서울에 올라가 보니, 지방에 내려간 동지
들 가운데 돌아온 사람은 아무도 없었다. 일 주일쯤 지나자 여러 동지
들이 지방에서 올라왔다.

김창숙은 각 지방으로 떠났던 동지들 가운데 김정호에 대한 소식을
듣고 기절할 듯이 놀랐다. 김정호는 충청남도로 갔는데, 길에서 강도
를 만나 목숨을 잃었다는 것이다. 다른 동지들도 하나같이 경악을 금
치 못하며 김정호의 죽음을 슬퍼하고 애석해했다.

김창숙은 동지들의 도움으로 모든 준비를 마치자, 중국말을 잘하는
박돈서 동지와 함께 중국으로 떠나는 열차에 몸을 실었다. 이때가
1919년 3월 23일 밤 10시였다. 여러 날 걸려 상하이에 도착하니 3월
27일이었다.

여관을 잡아 휴식을 취한 뒤 김창숙은 박돈서와 같이 이동녕, 이시
영 등 독립운동가들을 찾아 나섰다. 여기저기 수소문하여 그들이 묵
고 있는 숙소를 알아낸 두 사람은 숙소를 방문했다. 김창숙은 그곳에

서 이동녕·이시영·조성환·신채호·조완구·신규식 등을 만났다.

"전국 유림 대표 137명이 파리 평화 회의에 한국의 독립을 호소하는 장문의 서한(파리 장서)을 보내기로 했습니다. 그래서 내가 이 장서를 해외로 가져가는 책임을 맡아 파리에 가는 길입니다."

김창숙이 자신이 파리에 가려는 뜻을 알리자, 이동녕이 아쉬운 표정을 지으며 말했다.

"저런, 한 발 늦으셨구려. 신한 청년당에서 민족 대표로 김규식을 파리에 보냈는데, 출발한 지 일 주일쯤 되었소. 조금만 일찍 오셨더라면 함께 파리로 갈 수 있었을 텐데."

신한 청년당은 1918년 김구·여운형·서병호 등이 영국 조계(19세기 후반에 영국·미국·일본 등 8개국이 중국을 침략하는 근거지로 삼았던, 개항 도시의 외국인 거주지)에 조직한 독립운동 단체였다. 이 단체에서는 기관지 〈신한 청년보〉를 발간하는 한편, 독립 청원서를 작성하여 김규식을 파리 평화 회의에 파견했다. 김규식은 파리에 도착하자마자 중앙 샤토당 가 36호에 한국인 대표관을 열어 외교 활동을 벌이고 있는 중이었다.

이동녕이 김창숙을 바라보며 물었다.

"당신은 서양 말을 할 줄 아시오?"

"전혀 할 줄 모릅니다."

"그럼 누구와 같이 파리에 갈 거요? 본인이 서양 말을 할 줄 모르면 서양 말을 할 줄 아는 사람을 데려가야 할 텐데."

"그럴 사람이 없습니다. 서양 말을 할 줄 아는 사람을 찾고 있지만 아직 적당한 사람을 구하지 못했거든요."

"저런, 그렇다면 장님에게 길잡이가 없는 격이구려. 장님에게 길잡이가 없으면 자기 동네 출입도 어려운 형편인데, 몇 만 리 밖 서양에서는 어떻게 돌아다니겠소?"

이동녕은 혀를 끌끌 차며 애석해하더니, 잠시 생각에 잠겼다가 입을 열었다.

"차라리 파리 행을 포기하고, 가지고 온 문서를 서양 말로 번역하여 우편으로 직접 파리 평화 회의에 보내는 게 어떻겠소? 그러면 세계 여러 나라 사람들에게 한국 유교인의 대 운동이 알려져 대내외에 큰 선전이 될 거요."

이동녕은 김창숙에게 이런 제의를 한 뒤 말을 이었다.

"잘 생각해 보시오. 우리는 지금 중국을 독립운동의 근거지로 삼고 있소. 따라서 우리에게는 중국인과의 교제가 매우 중요한 일이오. 한학에 정통한 사람이 아니면 중국인들을 움직이기 어려운데, 당신은 한학에 조예가 깊다 하니 얼마나 다행이오. 단재(신채호), 우천(조완구) 등과 중국에 대한 외교에 힘써 주시오."

"석오(이동녕) 선생의 말씀이 백번 지당합니다. 파리 행을 포기하고 여기에 남아 함께 일해 봅시다."

다른 동지들도 이동녕의 의견이 옳다며 이를 따르라고 권유했다. 김창숙도 곰곰이 생각해 보니 다른 방법이 없었다. 그래서 파리 행을 그만두기로 하고, '파리 장서'를 서양 말로 번역 인쇄해서 파리 평화회의로 우송했다. 그리고 중국에 주재하는 각국 대사, 공사, 영사관 및 중국의 정계 요인, 그 밖에 우리 동포가 살고 있는 여러 항구나 도시에도 배포했다.

이렇게 되자 일제가 파리 장서에 서명한 유림들을 그냥 둘 리가 없었다. 김창숙은 5월에 서울에서 온 신문을 보고 깜짝 놀랐다. 곽종석을 비롯하여 유림 500여 명이 파리 장서 사건으로 체포되어 대구 감옥에 갇혔다는 것이다. 이 사건이 바로 제1차 유림단 사건이다.

곽종석은 징역 2년형을 언도받아 복역 중 병 보석으로 풀려나와 그해 8월에 죽었으며, 많은 유림들이 옥고를 겪었다.

김창숙은 신문 기사를 보고 마음이 아팠다. 스승 곽종석을 비롯한 여러 동지들이 겪을 고초를 생각하니 가슴이 찢어지는 것 같았다.

# 7. 중국 요인들과의 만남

김창숙이 상하이에 왔을 때는 만세 시위 운동이 벌판의 불길처럼 국내외에 퍼져 가고 있을 무렵이었다.

국제 도시 상하이에는 3·1 운동 이후 유능한 독립운동가들이 모여들었다. 이동녕·이시영·조소앙·최창식·조성환·조완구·김구 등이 그들이었다. 국내외 각지에서 달려온 그들은 중국 대륙을 중심으로 독립운동을 효과적으로 추진할 수 있는 방법을 의논했다. 그래서 생각해 낸 것이 임시 정부의 수립이었다. 자신들의 손으로 임시 정부를 수립해 독립운동의 핵심체로 삼을 것을 다짐한 것이다.

그들은 상하이 시내 프랑스 조계 보창로 329호에 임시 연락 사무소를 두고 구체적인 실무 작업에 들어갔다. 이때 가장 먼저 시작한 것이 임시 의정원의 구성이었다. 정부를 세우려면 먼저 의정원을 구성해야 한다는 이동녕의 제의가 있었기 때문이다.

그리하여 4월 9일에는 각 지방 대표 대회를 열어 이동녕·조성환·이시영·조소앙·조완구·신채호·여운형 등 29명의 임시 의정원 의원을 뽑았다. 김창숙은 경상북도의 의원으로 뽑혔다.

이렇게 임시 의정원이 성립되자 4월 10일 밤 10시 프랑스 조계 김신부로에서 제1회 임시 의정원 회의가 열렸다. 다음 날 오전 10시까지 계속된 이 회의에서는 초대 의장에 이동녕이 뽑혔으며 부의장에 손정도, 서기에 이광수·백남칠이 뽑혔다. 또한 나라 이름은 '대한민국'이라 정하였고, 이승만을 국무 총리로 하는 국무원을 구성했다. 이리하여 4월 13일에는 상하이 임시 정부의 정식 수립을 내외에 선포할 수 있었다.

그러나 당시에는 임시 정부가 여러 곳에 분산적으로 수립되어 있었다. 상하이 임시 정부 외에도 서울의 한성 임시 정부, 블라디보스토크의 노령 정부 등이 있었다. 이들 세 개의 임시 정부 지도자들은 자주 모임을 갖고 통합 문제를 논의했다. 그래서 1919년 9월에는 마침내 세 개의 임시 정부가 통합되어 대한민국 임시 정부를 출범시킬 수 있었다. 단일 통합 정부는 임시 대통령에 이승만, 국무 총리에 이동휘를 추대했다.

김창숙은 상하이 임시 정부에 참여하는 한편, 중국 요인들과의 교섭과 접촉을 추진했다. 그는 먼저 곽종석이 소개한 이문치를 찾아보기로 했다. 그래서 수소문해 보았더니 이문치는 광저우(광주)에 있었다. 김창숙은 이문치에게 편지를 띄웠다. 그러자 곧 답장이 왔다. 가까운 시일 내에 한번 만나자는 것이었다.

그러던 차에 '능월'이라는 중국 사람이 김창숙이 묵고 있는 여관으로 찾아왔다. 그는 허난(하남) 사람으로 중의원 의원이었다.

"광저우에 있을 때 이문치 선생을 통해 김창숙 선생에 대한 이야기를 많이 들었습니다."

"아, 그러십니까?"

김창숙은 이문치의 소개를 받고 찾아왔다는 말에 반갑게 인사를 했다. 두 사람은 글로 써서 이야기를 나누었다.

"중국과 한국은 일본에 대해 함께 원수를 갚아야 할 처지에 있다고 봅니다. 그러므로 나는 중국 혁명의 여러 동지와 더불어 한국의 독립을 힘껏 돕겠소."

능월은 김창숙에게 이렇게 다짐했다.

당시에 김창숙은 여관에서 손진형·홍진·손영직·장지필·정영식 등 여러 동지와 함께 지내고 있었다. 능월이 돌아간 뒤 김창숙은 손진형과 같이 다음날 능월의 숙소를 찾아갔고, 그 뒤에도 이틀이 멀다 하고 서로 만나며 친하게 지냈다. 그리고 능월의 소개로 중국 혁명의 지도자인 쑨원(손문)을 만나기도 했다.

김창숙은 8월 초에 광저우로 떠날 채비를 했다. 그런데 함께 떠나기로 했던 손진형이 갑자기 콜레라에 걸려 세상을 떠나고 말았다. 김창숙은 낯선 타국에서 한솥밥을 먹으며 고생을 같이하던 좋은 동지를 잃어 몹시 슬프고 가슴이 아팠다.

손진형의 장례를 마친 뒤 김창숙은 손영직, 능월 등과 같이 광저우를 향해 출발했다. 이문치의 사위 이완 부부가 뒤따라와 함께 같은 배를 타고 떠났다.

광저우에 도착해 여관에 짐을 풀자, 이문치 부부가 여관으로 찾아왔다. 이문치는 현재 참의원 의원으로, 중국으로 떠나기 전 곽종석이 소개해 준 사람이었다. 김창숙은 이문치와 반갑게 인사를 나누었다. 이문치가 말했다.

"여관에 계시기 불편할 텐데 저희 집으로 옮기시지요."

"괜찮습니다. 저는 여관이 편하고 좋습니다."

"그러지 말고 손영직 선생과 함께 저희 집에서 지내십시오."

이문치는 김창숙의 손을 잡고 간곡히 부탁했다. 더 이상 사양하면 예의가 아닐 것 같아, 김창숙은 할 수 없이 손영직과 이문치의 집으로 옮겨갔다.

다음 날 '오산'이란 사람이 찾아왔다. 오산은 국민당 정부 외교부 차장이었다. 김창숙은 이문치의 집에 머물면서 오산을 비롯하여 중국 국민당 정부의 주요 인물들을 두루 만났다. 정계·군계·교육계의 지도급 인사들을 많이 사귈 수 있었다.

그러던 어느 날이었다. 오산이 찾아와 이문치, 능월과 같이 있는 자리에서 말했다.

"선생께서는 그 동안 많은 중국 분들을 만나셨지요? 모두들 선생을 크게 환영하며 한국 독립을 위해 협조를 아끼지 않겠다는군요. 그래서 이번 기회에 한국 독립 후원회를 결성하려는데 선생의 뜻은 어떠십니까?"

"좋다 뿐입니까? 감격스러울 따름입니다."

"이미 충분히 논의가 되어 곧 한국 독립 후원회 발기인 대회를 가질 예정입니다. 그때 꼭 참석하여 주십시오."

그로부터 10여 일 뒤, 마침내 한국 독립 후원회 발기인 대회가 장제의 대신 공사에서 열렸다. 각계 각층에서 300여 명이 참여하였는데 먼저 김창숙이 강연을 했다. 김창숙은 한국 독립운동의 지난 발자취를 이야기하고, 한·중 두 나라가 공동의 원수 일본과 맞서 싸워야 하는 이유를 설명했다. 그러자 박수 갈채가 터져 나왔다.

이어서 오산이 앞으로 나와 발언을 했다.

"한국의 독립을 도우려면 마땅히 중화민국 정부부터 나서서 도와주어야 하는데, 여러분도 알다시피 현재로서는 도울 힘이 없습니다. 그래서 우리 동지들이 개인적으로 이 후원회를 만든 겁니다. 후원회에서는 의연금을 모아 수시로 상하이 한국 정부에 보내 주는 것이 어떻겠습니까?"

"좋습니다."

오산의 제의에 모두가 찬성했다. 이어서 의연금 모집위원 30명과 회계위원 3명을 정했다. 의연금 모집위원이 만 원 이상을 모금하면 회계위원에게 건네주고, 회계위원은 10만 원 이상이 모아지면 광저우에 있는 한국 대표에게 주어 상하이 임시 정부에 송금하기로 했다. 회계위원에는 이문치·오산·능월이 뽑혔는데, 의연금은 이문치가 혼자 맡아 관리하기로 했다.

김창숙은 후원회 발기인 대회를 지켜보며 기쁜 마음을 감출 수가

없었다.

'아, 한국의 독립을 이룰 날도 멀지 않았구나. 거금이 모아져 상하이 임시 정부가 힘을 기르게 된다면…….'

김창숙은 생각만 해도 가슴이 설레고 힘이 솟았다.

그리고 얼마 뒤였다. 하루는 오산과 능월이 찾아와서 물었다.

"상하이에는 망명해 온 한국 학생들이 많다고 들었는데 전부 얼마나 됩니까? 그들은 지금 어디서 무엇을 하며 지내고 있습니까?"

김창숙이 수심에 찬 표정으로 대답했다.

"현재 상하이에 와 있는 한국 학생이 천여 명쯤 됩니다. 그런데 애초에 황급히 고국을 빠져 나오느라 충분한 돈을 갖고 나오지 못했지요. 그러다 보니 돈도 금세 떨어져 공부는커녕 먹고 잘 데가 없어 길거리를 방황하는 형편입니다."

"아, 그래요? 정말 안타까운 실정이군요."

오산과 능월은 깊이 탄식하며 돌아가더니 다음 날 다시 와서 말했다.

"어제 한국 학생들의 실정을 듣고 돌아가서 우리 국민당 동지 몇 사람과 상의했습니다. 한국 학생들을 도와줄 방법이 없는지……. 그래서 드리는 말씀인데, 선생께서 급히 상하이에 연락해서 생활이 특히 어려운 학생 40, 50명을 선발하여 이곳으로 보내라고 하십시오. 그러면 저희가 그 뒷바라지를 하겠습니다. 우선 중국어와 영어를 배우게 하고, 그 다음엔 광저우의 각 대학에 소개하여 특별 장학생 혜택을 받아 학업에만 전념하도록 할 생각입니다."

김창숙은 그들의 말을 듣고 눈물이 핑 돌았다. 한국 학생들을 자청해서 도와주겠다니, 그들의 따뜻한 마음씨에 감격스러울 따름이었다.

"감사합니다. 이 은혜를 무엇으로 갚아야 할지 모르겠습니다."

김창숙은 그들의 손을 잡고 감사하다는 말을 거듭거듭 되뇌었다.

10월 초에 김창숙은 손영직을 상하이로 보냈다. 학생들을 선발하여 광저우로 데려오기 위해서였다. 약 한 달 뒤에 김상덕·장필석·김제민·강대곤·김주·민병위·조성천 등 30여 명의 학생이 광저우로 왔고, 얼마 뒤에 20여 명의 학생이 뒤따라왔다. 이 학생들은 커다란 집 한 채를 빌려 합숙시켰는데, 처음 계획대로 중국어와 영어를 배우게 했다. 물론 모든 생활비는 오산과 능월 두 사람이 대주었다.

김창숙은 학생들과 같이 지내며, 간혹 학생의 신분에 벗어난 행동을 하는 사람이 있으면 이렇게 타일렀다.

"자네들은 산 설고 물 설은 중국 땅에서 중국 혁명가의 도움으로 넓은 집에서 편히 지내며 공부만 하고 있네. 얼마나 다행스러운 일인가. 그런데 공부는 하지 않고 술집에만 드나들며 시간을 낭비해서야 되겠나? 이로 말미암아 중국 사람들한테 욕을 먹는다면 우리 민족의 수치가 아니겠나? 학생의 신분을 지켜 행동을 조심하게."

김창숙이 학생들과 같이 지낸 지 서너 달쯤 되었을 때였다. 어느 날 오산과 능월이 김창숙에게 물었다.

"선생께서는 이문치 의원에게서 의연금을 받아 상하이에 있는 한국 임시 정부에 보내셨습니까?"

"예? 전혀 받지 않았는데요."

"후원회에서 의연금 모집위원들이 걷어 우리에게 넘겨준 돈이 20여만 원이 되는데, 우리는 모두 이문치 의원에게 건네주었습니다. 이문치 의원이 직접 모금한 돈만 해도 수십만 원이 넘을 겁니다."

"그렇습니까? 이문치 의원이 의연금에 대해서는 아무 말씀이 없어 독촉하지 않았는데요."

김창숙은 가슴이 덜컹 내려앉았다. 아무래도 이문치가 수상했다. 10만 원 이상이 모아지면 상하이 임시 정부에 송금하기로 했는데, 수십만 원을 모으고도 입을 꾹 다물고 있었기 때문이다. 아니나 다를까, 김창숙이 알아보니 이문치는 행방이 묘연했다. 자신의 사위 이완과 함께 이미 자취를 감춰 버렸던 것이다. 김창숙은 눈앞이 캄캄했다. 믿는 도끼에 발등이 찍힌 격이었다.

그런데 불행은 여기서 그치지 않았다. 1920년 3월에 국민당 정부 안에서 참모 총장 이열균이 그 부하 이근원과 파벌 싸움을 벌여, 4월 초순 국민당 정부가 이근원에게 점령당하고 말았다. 이렇게 되자 국민당 정부 요인들은 상하이나 홍콩 등지로 뿔뿔이 흩어졌다. 김창숙과 친하게 지내던 오산과 능월도 광저우를 떠났다.

오산과 능월이 광저우를 떠나자 김창숙은 생활이 곤란해졌다. 더 이상 광저우에 머물러 있을 수 없었다. 그래서 학생들을 데리고 상하이로 돌아왔다.

김창숙은 상하이에서 집 한 채를 빌려 학생들과 함께 지냈다. 학생들이 당장 갈 곳이 없었기 때문이다. 57명의 대가족이어서 생활비가 엄청나게 들었다. 김창숙은 손영직과 의논하여 각자 주머니를 털고 빚을 얻어 생활비를 충당했다.

그러던 어느 날이었다. 장필석이란 학생이 김창숙을 찾아와 은밀히 말했다.

"선생님, 학생들 가운데 수상한 자들이 있습니다."

"수상한 자라니, 그게 무슨 말인가?"

김창숙은 뜨악한 얼굴로 장필석을 바라보았다. 장필석이 말했다.

"모두 5, 6명인데 얼마 전부터 돈을 흙처럼 뿌리고 있습니다."

"돈을 흙처럼 뿌린다구? 그것 참 별일이군."

"아무래도 수상합니다. 뒷조사를 해야겠습니다."

"알겠네. 김제민 군과 함께 비밀리에 알아보게."

장필석은 4, 5일 뒤에 다시 김창숙을 찾아왔다. 그런데 그의 손에는 편지 몇 장이 들려 있었다.

"웬 편지인가?"

김창숙이 묻자 장필석은 긴장한 표정으로 대답했다.

"이 편지는 가장 수상한 자인 김상덕의 가방 속에서 나온 겁니다. 이 편지를 누가 보냈는지 아십니까? 이완입니다."

"뭐라고?"

김창숙은 깜짝 놀랐다. 이완이라면 의연금을 챙겨 가지고 사라진 이문치의 사위 아닌가.

　김창숙은 편지를 건네받아 읽기 시작했다. 그의 얼굴은 한순간 창백하게 변해 버렸다. 편지에는 실로 엄청난 음모가 담겨 있었다. 이문치와 이완은 학생 몇 사람을 매수하여 권총 세 자루와 일본도 한 자루를 주어 김창숙을 암살하게 한 것이다. 이것은 순전히 후원회의 의연금을 집어삼키려는 흉계였다.

　이제 결정적인 증거물을 찾은 이상 문제의 학생들을 내버려둘 수는 없었다. 모두 붙잡아 엄하게 심문할 필요가 있었다. 그런데 흉계에 가담했던 학생들이 편지가 없어져 일이 탄로 난 사실을 알아차린 모양이었다. 그날 저녁 전부 숙소에서 도망쳐 버렸다.

　그러나 장필석·김제민·민병위 등 여러 학생들은 포기하지 않았다. 다음 날부터 발벗고 나서서 도망친 학생들의 행방을 쫓기 시작했다. 그들이 숨어 있을 만한 곳은 모두 찾아다녔다. 그리하여 마침내 그들이 숨어 있는 곳을 알아냈다. 그곳은 여관이었다. 장필석 등 학생들은 여관을 습격했다. 그러나 붙잡은 것은 한 사람뿐이었다. 학생들은 그를 데리고 숙소로 돌아왔다.

　김창숙은 대청마루에 학생들과 동지들을 불러모았다. 그리고 그들 앞에 붙잡혀 온 학생을 세워 놓았다. 김창숙은 이완의 편지를 읽은 다음 그 학생을 준엄히 꾸짖었다.

　"이문치와 이완이 집어삼킨 돈이 어떤 돈인지 아느냐? 우리 임시 정부에 넘겨져 독립운동에 사용될 돈이었다. 그런데 너희들은 돈 몇

푼에 눈이 어두워 조국과 민족을 배반하고 저 흉측한 자들의 음모에 가담하다니, 하늘이 부끄럽지 않느냐?"

김창숙의 훈계에 이어 징벌이 가해졌다. 장필석이 여러 사람들이 지켜보는 가운데 흉계에 가담한 학생을 회초리로 모질게 치기 시작한 것이다. 그때였다. 문 입구에서 갑자기 고함 소리가 들려왔다.

"모두들 꼼짝 마라! 움직이면 쏜다!"

사람들은 문 입구 쪽을 돌아보고 얼어붙어 버렸다. 흉계에 가담했다가 도망친 강대곤·김주 등이 권총을 꺼내 들고 나타난 것이다. 그들은 김창숙에게 총부리를 겨누고 있었다. 그러나 김창숙은 한 발짝도 물러서지 않고 큰 소리로 꾸짖었다.

"너희들이 감히 나한테 이럴 수 있느냐?"

김창숙은 그들을 노려보았다. 김창숙의 눈에는 분노의 빛이 가득했다. 그들은 그 눈빛에 질린 듯 고개를 꺾어 버렸다. 그러고는 붙잡혀 온 학생을 데리고 서둘러 달아났다. 그 자리에 있던 사람들은 모두 놀라 감히 움직이는 사람이 없었다.

김창숙은 서글펐다. 학생들을 잘못 가르쳤다는 자책감에 고개를 들 수 없었다.

그러나 며칠 뒤에 문제의 학생들이 김창숙을 찾아왔다. 그들은 김창숙 앞에 무릎을 꿇고 앉았다.

"선생님, 잘못했습니다. 돈이 탐나서 그만……. 저희들이 어리석었습니다."

김창숙은 처음에는 학생들을 준엄하게 꾸짖었다. 하지만 나중에는 좋은 말로 타일렀다.

"다시는 그런 짓을 하지 마라. 조국의 독립을 위해서 이 한 몸 바쳤으면 아무리 고생스러워도 참고 견뎌야지. 돈 몇 푼에 양심을 팔아선 안 된다."

"선생님, 그럼 저희들을 용서해 주시는 겁니까?"

"너희들이 잘못을 뉘우쳤으면 이미 용서가 된 것 아니냐. 돌아가거라. 돌아가서 부끄럽지 않은 삶을 살아야 한다."

"선생님!"

학생들은 감격에 겨워 김창숙을 바라보았다. 김창숙에게 큰절을 올리고 떠나는 그들의 눈에는 두 줄기 눈물이 흘러내리고 있었다.

## 8. 동지들의 전향

　진달래꽃이 산을 붉게 태우는 4월이었다. 부지런한 종다리는 하늘에 높이 날아올라 고운 소리로 울고 있었다.
　만물이 소생하는 봄이건만 김창숙은 병상에 있었다. 위장병 때문에 약을 먹고 누워 몸조리를 하고 있었다. 그 즈음 한 친구가 병문안을 왔다. 그는 만주에 살고 있었다.
　"상하이에 왔다가 자네 소식을 듣고 한걸음에 달려왔네. 하루빨리 병상을 훌훌 털고 일어나게."
　친구는 김창숙에게 위로의 말을 하고 그의 머리맡에 〈만주일보〉를 두고 갔다. 김창숙은 친구가 돌아간 뒤 잠시 눈을 붙였다. 그리고 깨어나서는 〈만주일보〉를 보기 시작했다. 1면 머릿기사를 읽고 다음 면을 훑어보던 김창숙은 눈이 휘둥그레졌다. 그의 어머니가 1월 7일 별세했다는 부고가 신문에 실려 있었던 것이다. 김창숙은 울음을 터뜨렸다.
　"어머니, 어머니!"
　그는 북받치는 슬픔을 견디지 못해 통곡하다가 정신을 잃었다. 김창숙이 깨어난 것은 얼마 뒤였다. 여러 동지들이 달려와 손을 써 주어 간신히 정신을 차릴 수 있었다.

김창숙은 봄이 다 가도록 병상에 누워 있어도 이래저래 마음이 편치 못했다. 특히 의연금을 송두리째 빼앗긴 일은 생각할수록 분통이 터졌다. 그 돈이 남아 있다면 임시 정부에서 독립운동 자금으로 요긴하게 쓰일 텐데, 이문치와 이완의 손에 넘어간 것이 그렇게 아까울 수가 없었다.

김창숙은 몸이 회복되자 이문치와 이완의 행방을 찾아 나섰다. 6월 중순에 민병위, 김공집 두 학생을 데리고 광저우로 떠난 것이다. 김창숙은 광저우에서 두 달 동안 머물면서 이문치와 이완을 찾아 다녔다. 그러나 아무리 수소문해 봐도 그들의 행방을 찾을 길이 없었다. 김창숙은 할 수 없이 8월 하순 상하이로 돌아왔다.

상하이로 돌아온 그는 박은식과 그 아들 박시창이 사는 후덕리에서 함께 지냈다. 얼마 뒤에 광저우에 있을 때부터 알고 지내던 임복성과 박병강이 상하이로 왔다. 임복성은 광둥 공교회(孔敎會) 회장이었고, 박병강은 평북 박천 사람으로 구한말 의병장인 의암 유인석의 제자였다. 김창숙은 박은식과 같이 임복성을 찾아갔다.

"회장님, 우리 신문사를 하나 설립합시다. 그래서 일본을 상대로 언론 투쟁을 하는 겁니다. 이것은 한국과 중국 두 나라의 혁명을 꾀하는 일도 될 겁니다."

김창숙의 제의에 임복성은 한참 생각에 잠겼다. 그러더니 마침내 고개를 끄덕였다.

"좋습니다. 함께 손잡고 일해 봅시다."

임복성은 상당한 재산가였다. 그래서 그가 신문사 설립 자금을 혼자 부담하기로 하고 사장 직을 맡았다. 그리고 김창숙·박은식·박시창이 편술원이 되었는데, 날마다 3만여 부를 찍어 이 가운데 2천여 부를 한국으로 보냈다.

김창숙은 1920년 10월 홍콩에 있는 국민당 인사 오산이 상하이로 오자, 그를 움직여 '중한 호조회'를 만들었다. 중한 호조회는 중국과 한국의 각계 인사들이 참여하는 단체였다. 창립 총회에는 중국과 한국의 각계 인사 천여 명이 참석하여 대성황을 이루었다.

김창숙은 11월에 베이징으로 갔다. 상하이에서 베이징으로 간 것은 베이징이 상하이보다 국내와 연락하기에 더 편하다고 생각했기 때문이다.

베이징에서는 신채호가 박숭병과 같이 〈천고〉라는 잡지를 펴내고 있었다. 김창숙은 윤중수의 집에서 친척 동생 김창돈, 신채호 등과 함께 지내게 되었는데, 하루는 신채호가 김창숙에게 청했다.

"잡지 일을 같이 해 보지 않겠나?"

"나는 그런 일에 경험이 풍부하지 못해서……."

"괜찮네. 자네라면 충분히 잘할 수 있을 걸세."

"자네가 도와준다면 한번 해 보지."

그날부터 김창숙은 잡지 일을 시작했다. 그는 잡지 일에 익숙하지

못해 모든 일을 신채호와 의논하여 처리했다.

김창숙은 베이징에 머물면서 이기일을 국내로 보냈다. 이기일은 국내에서 김창숙이 써 준 편지들을 여러 동지들에게 부쳤다.

베이징에서 한 달 남짓 있다가 상하이로 돌아온 김창숙은 박시창을 경상도 지방으로 보냈다. 그리고 김구, 박은식 등과 상의해 기호 지방에 사람을 보내 여러 동지들에게 자금을 청구했다.

1921년 2월, 김창숙은 다시 베이징으로 갔다. 이때 마침 이기일이 국내에서 돌아왔다. 김창숙은 이기일을 통해 국내에 있는 여러 동지들의 근황을 자세히 알 수 있었다.

당시 베이징 · 상하이 등에 사는 한국인들은 가난 때문에 극심한 고통을 겪고 있었다. 그 고통을 견디다 못해 대부분 한국으로 돌아가 버렸으며, 독립운동을 하는 사람들 중엔 사상이 해이해져서 용기를 잃고 일제에 전향한 사람들도 많았다. 손정도 · 김병조 · 이광수 · 최안 등이 그들이었다.

1922년 봄에 김창숙은 월남 이상재가 베이징에 왔다는 소식을 들었다. 만국 기독교 청년 대회가 베이징에서 열렸는데, 이상재는 한국 기독교 청년회 대표로 대회에 참석하기 위해 온 것이다. 이상재라면 서재필과 함께 독립협회를 조직하고 조선일보 사장, YMCA 회장 등을 지낸 명망 있는 사람이었다. 김창숙은 이번 기회에 그를 한 번 만나 보고 싶었다. 그래서 직접 그를 찾아가 보았다.

이상재는 김달하의 집에서 묵고 있었다. 김창숙은 이상재를 만나자마자 대뜸 이렇게 물어 보았다.

"선생께서는 해학을 잘하신다면서요? 배우도 아니면서 선생 같은 군자가 그러셔야 되겠습니까?"

그러자 이상재는 호탕하게 껄껄 웃었다.

"하하하, 죄송합니다. 점잔을 빼지 못해서. 나도 한마디 할까요? 유생들은 너무 점잔을 빼고 겸손한 것 같습니다. 그러다 보니 무슨 일이 닥치면 꽁무니만 빼고 용감히 나서는 사람이 적어요."

이상재는 거침이 없었다. 무슨 말이든 유머를 섞어 잘도 받아넘겼다. 김창숙이 보기에 이상재는 썩 기백이 있어 사람을 움직일 만한 인물이었다.

김창숙은 이 자리에서 처음 김달하와 서로 알게 되었다. 김달하는 이승훈·안창호 등과 가까운 사이로, 학식이 풍부해서 배울 점이 많았다. 함께 토론을 하면 서로 얻는 바가 있어 두 사람은 자주 만났다.

그러나 김창숙은 당시 사람들이 그를 일본의 밀정으로 의심하고 있다는 것을 전혀 모르고 있었다.

어느 날, 김창숙은 김달하의 집에 갔다가 안창호를 만났다.

"오랜만입니다. 그 동안 안녕하셨습니까?"

김창숙은 안창호와 인사를 나눈 뒤 김달하 옆에 앉았다. 세 사람은 시간 가는 줄 모르고 대화를 나누었다. 도중에 김달하가 화장실에 가느라 자리를 비우자, 안창호가 문득 웃는 얼굴로 물었다.

"당신은 소봉(김달하의 호)을 어떻게 생각하시오? 혹시 일본의 밀정으로 알고 있는 것 아니오?"

"나는 전혀 모르는 일입니다. 정말 그가 일본의 밀정이라면 당신은 어째서 그를 만나는 겁니까?"

"소봉이 밀정이라는 뜬소문이 있지만 나는 믿지 않고 있소. 그저 농담으로 해 본 소리요."

김창숙은 안창호와의 일은 한동안 잊고 지냈다. 그러던 중 하루는 김달하가 보낸 편지를 받았다. 자신의 집에서 만나자는 전갈이었다.

김창숙은 김달하를 찾아갔다. 두 사람은 마주앉아 밤이 깊어 가는 줄도 모르고 이야기꽃을 피웠다. 김달하는 무슨 이야기 끝에 우리 나라 독립운동가들이 파벌 싸움이나 하고 있으니 장차 독립을 이룰 가망이 없다면서 눈물을 흘렸다. 그러더니 김창숙의 손을 꼭 잡고 은근히 묻는 것이었다.

"선생께서는 요즘 경제적으로 무척 어려우시다면서요? 숨기지 말고 솔직히 말씀해 주십시오."

"어렵긴 어렵지요. 하지만 독립운동을 하면서 어려운 것은 당연한 일 아닙니까?"

"당치 않은 말씀입니다. 이 세상 어디에 자기 식생활도 해결하지 못하는 혁명가가 있단 말입니까? 만일 자기 식생활도 해결하지 못한다면 그런 혁명 운동은 빈말에 지나지 않는 겁니다."

김달하는 잠시 입을 다물고 흐르는 눈물을 옷소매로 닦았다. 그리고 다시 김창숙의 손을 굳게 잡더니 말을 이었다.

"선생께서는 무엇 때문에 고생을 사서 하십니까? 성공하지도 못할 독립운동을 하시니 말입니다. 그럴 바엔 차라리 한국으로 돌아가서 편안히 사십시오. 내가 이미 조선 총독부에 보고하여 승낙을 얻어 놓았습니다. 선생께서 귀국하시면 경학원(성균관의 다른 이름) 부제학 자리가 제공될 겁니다. 그러니 빨리 결단을 내리십시오."

김창숙은 그의 말이 채 끝나기도 전에 그의 손을 뿌리치고 큰 소리로 꾸짖었다.

"네 이놈! 내가 경제적으로 어렵다고 나를 매수하려 드느냐? 사람들이 너를 밀정이라고 해도 나는 믿지 않았다. 하지만 이제 보니 뜬소문이 아니었구나."

"그, 그게 아니고 나는 다만 선생을 돕고 싶어서……."

"듣기 싫다!"

김달하는 당황한 표정으로 김창숙의 손을 또 잡았다. 그러나 김창숙은 그 손을 뿌리치며 김달하의 집에서 뛰쳐나갔다. 김창숙의 얼굴은 분노로 이글거리고 있었다.

그리고 얼마 뒤 김달하는 일본의 밀정 노릇을 더 이상 할 수 없게 되었다. 비밀 독립운동 단체인 다물단 단원에게 피살을 당한 것이다.

김달하를 통해 김창숙을 회유하는 데 실패한 일제 총독부에서는, 이번에는 김창숙과 가까운 일가 친척을 동원했다. 그로 하여금 김창숙에게 편지를 써 보내게 한 것이다. 그 내용은 다음과 같았다.

객지에서 고생할 것 없이 어서 귀국하게. 총독부에서는 자네가 돌아오기만 하면 그 동안의 잘못을 불문에 부치고 특별히 보호해 준다고 했네. 뿐만 아니라 집을 새로 고쳐 주고 논과 밭을 주어 생활을 보장해 준다고 했네. 그러니 망설이지 말고 하루빨리 돌아오게나.

김창숙은 편지를 읽고 화가 머리끝까지 났다. 당장 집에 편지를 보내 그 일가 친척과는 왕래하지 말 것을 당부하고, 혼수 상태에 빠질 때까지 술을 마셨다. 김창숙이 깨어났을 때는 이틀 밤이 지난 석양 녘이었다.

김창숙은 그 전부터 결핵을 앓아 건강이 좋지 않은 상태였다. 그래서 오래 전부터 술 담배를 끊었는데, 편지를 받은 뒤부터 울화가 치밀면 곧 큰 잔으로 술을 퍼마시는 습관이 생겼다.

그 뒤 김창숙은 건강이 극도로 나빠져 1923년 여름에는 치질로 고생을 했다. 얼마나 통증이 큰지 걸어다니기도 어려울 정도였다. 김창숙은 병원에 입원해 수술을 받았으나 몇 달 뒤에 재발해 다시 병원에서 치료를 받았다.

그 무렵 김창숙은 손영직과 함께 지내고 있었다. 그런데 손영직은 경제적인 어려움을 참지 못해 가끔 불평을 늘어놓았다. 그때마다 김창숙은 좋은 말로 위로해 주곤 했는데, 하루는 손영직이 슬픈 표정으로 말했다.

"여보게, 우리가 이 고생을 하며 여기에 머물러 있을 필요가 있을까? 혁명도 좋지만 빈손으로는 어림도 없지. 나를 국내로 보내 준다면 자금을 구해 가지고 다시 오겠네."

"자네는 국내에 들어가면 어찌할 텐가? 잠적할 건가, 아니면 일제에 귀순할 건가?"

"잠적하면 행동하기 어려워 자금을 구하기 쉽지 않을 거야. 그래서 나는 자금을 구하기 쉬운 귀순 쪽을 택하겠네."

손영직의 말에 김창숙은 어이없다는 듯 그를 바라보았다. 그러다가 얼굴에 엄정한 빛을 띠고 말했다.

"왜 그런 생각을 하는가? 자네가 귀순하고 나면 평소 자네와 친한 사람들이 자네를 욕하고 침 뱉을 걸세. 그런 사람들에게 자네가 자금을 구할 수 있을 것 같은가? 어림없는 일이지."

"자네 말이 옳네. 내가 생각을 잘못했어."

그러나 손영직은 몇 달 못 가서 또다시 전에 한 말을 되풀이했다. 김창숙이 야단을 치자 그는 말없이 슬프게 울기만 했다. 그리고 몇 달 뒤에는 술에 취해 돌아와 김창숙에게 고함을 질렀다.

"나와 자네는 이제 굶어 죽게 되었네. 자네는 백이 숙제를 따라 수양산으로 가서 굶어 죽으려는가? 나는 결코 자네를 따라가지 않겠네. 나는 이미 귀국하기로 결정했으니 그리 알게. 내 앞길을 가로막지 말게나. 내가 귀국하면 말들이 많겠지. 그러나 내가 다시 돌아오는 날 자네가 다른 뜻이 없었다고 말해 주기 바라네."

"자네가 내 말을 듣지 않으니 나도 더 이상 할 말이 없네. 나중에 남들이 욕하고 침 뱉어 다시 돌아올 면목이 없을 때, 내가 자네를 위해 마음을 써 주지 않는다고 나를 탓하지 말게."

손영직은 결국 며칠 뒤에 국내로 들어갔다. 그러자 베이징과 상하이에는 그가 일제와 내통했다는 소문이 돌아 꽤나 시끄러웠다.

김창숙은 가슴이 아팠다. 손영직은 김창숙이 중국에 온 이래 상하이·광저우·베이징에 이르기까지 함께 지내온 동지였다. 괴로움과 즐거움을 같이 나누며 피붙이보다 가깝게 지내온 처지였다. 지난 두 달 동안 입이 아프도록 말렸지만 끝내 그를 붙잡지 못한 것이 안타까웠다. 김창숙은 손영직을 떠나보낸 뒤 한동안 밤잠을 이루지 못했다.

한편, 당시 베이징에는 남형우·김응섭 등 국내에서부터 사귀어 온 친구들이 있었다. 김창숙은 이들과 자주 만났는데, 경제적으로 어려운 탓인지 말하는 것이 심상치 않았다.

'저러다가 제2의 손영직이 되지 않을까?'

김창숙은 마음 속으로 우려하지 않을 수 없었다. 그런데 몇 년 뒤에 우려하던 바가 현실로 나타났다. 남형우·김응섭이 잇따라 일제에 귀순한 것이다.

김창숙은 동지들의 잇따른 전향을 지켜보며 마음이 괴로웠다. 더욱이 그가 속해 있는 임시 정부가 분열하는 모습을 보면서 괴로움은 더 커졌다.

## 9. 독립 기지 건널의 꿈을 안고

　1919년 세 개의 임시 정부가 통합되어 출범한 대한민국 임시 정부는 국내외를 연결하는 비밀 조직으로 교통국을 설치하여, 정보 및 독립운동 자금을 모으기 위한 연통제를 실시했다. 그러나 이 비밀 조직은 1920년 말부터 일제에게 발각되어 1922년에는 모든 조직이 파괴되고 말았다.

　임시 정부가 가장 중점을 두었던 것은 외교 활동이었다. 그래서 파리 평화 회의 등 각종 국제 회의에 대표를 파견하여 한국의 독립을 호소했다.

　하지만 일본처럼 식민지를 두고 있는 다른 제국주의 국가들의 냉담한 반응에 부딪쳐 큰 성과를 거둘 수 없었다.

　당시 만주와 연해주 등지에 있는 독립운동가들은 임시 정부에 대해 불만을 품고 있었다. 그들은 무장 독립 투쟁 노선을 주장하고 있는 데 반해, 임시 정부는 외세의 힘을 빌려 독립을 얻겠다는 외교 독립 노선에 의존하고 있었기 때문이다.

　더욱이 이승만이 미국의 윌슨 대통령에게 위임 통치 청원서를 보낸 사실이 알려지자, 그들은 이승만을 공격했다. 이리하여 임시 정부 내부에서는 자연히 분열이 일어나게 되었다.

이렇게 되자 1923년 1월에는 분열된 독립운동 전선을 통일하기 위해 상하이에서 국민 대표 대회가 열렸다. 그러나 이 대회는 개조파와 창조파로 갈라져 격렬한 논쟁을 벌였다. 개조파는 임시 정부의 조직만 개조하자는 것이고, 창조파는 임시 정부를 해체하고 새로운 정부를 수립하자는 것이었다.

김구·이동녕·조완구 등이 개조파였고, 김동삼·안창호 등이 창조파였다.

양쪽은 팽팽하게 맞섰으며, 개조파는 대회를 거부했다. 결국 창조파는 국민 의회를 조직하고 김동삼·안창호 등 30명을 국민 대의원으로 선출했다. 이들은 연해주로 가서 정부를 세울 계획이었다.

김창숙도 대의원에 뽑혔는데, 연해주에 함께 가자는 제의를 받았지만 이에 응하지 않았다. 김창숙은 처음부터 국민 대표 회의에 참석하지 않았다. 임시 정부가 분열되는 것을 우려했기 때문이다.

연해주로 옮겨 간 창조파 사람들은 서로 반목이 생겨 저절로 흩어지고 말았다.

김창숙은 손영직을 떠나보낸 뒤 베이징에서 외롭게 지내고 있었다. 그러던 차에 가족을 데리고 베이징에 와서 사는 우당 이회영을 알게 되었다.

이회영은 이시영의 형으로, 1910년 만주로 망명하여 신흥 무관 학교의 전신인 신흥 강습소를 설립했던 독립운동가였다.

하루는 김창숙이 이회영을 찾아갔다.

"우당 선생님, 집안에만 계시니 답답하시죠? 함께 공원에 가서 바람이나 쐬다 오죠?"

김창숙이 이렇게 청하자 이회영은 고개를 가로저었다.

"자네나 다녀오게. 나는 집에 있겠네."

김창숙은 이회영의 얼굴을 살펴보고 고개를 갸웃했다. 오늘따라 얼굴이 초췌해 보였기 때문이다. 김창숙은 이회영의 아들 이규학을 밖으로 불러내 슬쩍 물어 보았다.

"여보게, 자네 아버님이 어디 편찮으신가? 안색도 좋지 않으시고 외출을 삼가시니 말일세."

그러자 이규학은 머뭇거리다가 간신히 말했다.

"실은 이틀 동안 우리 식구들이 아무 것도 먹지 못했거든요. 돈도 떨어지고 이제는 전당포에 맡길 물건도 없어요. 옷까지 모두 전당포에 잡혔어요. 아버지께서 문 밖에 나서지 않으시려는 것은 입고 나갈 옷이 없어서입니다."

"그게 정말인가?"

김창숙은 깜짝 놀랐다. 그는 이회영이 그처럼 어려운 형편인 줄 몰랐다. 이회영이 아무리 어려워도 어려운 기색을 나타내지 않았기 때문이다.

김창숙은 그 자리에서 주머니에 있던 돈을 전부 털어 이규학에게

주며 말했다.

"시장에 가서 우선 양식과 땔감을 사오고, 전당포에 잡힌 옷도 찾아오게."

이규학은 김창숙이 시키는 대로 양식과 땔감을 사오고 옷을 찾아왔다. 이때 이회영은 김창숙과 마주앉아 이야기를 나누고 있었다. 아들이 전당포에서 찾아온 옷을 내놓자 이회영은 눈을 둥그렇게 떴다.

"어찌된 일이냐? 옳아, 심산(心山)에게 신세를 진 모양이구나."

이 즈음 김창숙은 '심산'이란 호를 쓰고 있었다.

"선생님도 참, 신세는 무슨 신세입니까. 나는 선생님이 섭섭합니다. 나한테 솔직히 말씀해 주시지도 않고……."

두 사람은 서로 마주보며 한바탕 웃었다.

이런 일이 있고부터 김창숙과 이회영은 더욱 친해졌다. 서로 마음을 터놓고 지내는 사이가 되었다.

어느 날, 김창숙은 이회영에게 자신의 생각을 털어놓았다.

"우리가 독립운동을 하고 있지만 가까운 장래에 독립을 쟁취하기가 어렵지 않겠습니까. 그렇다면 이럴 때는 장기적인 계획을 세우는 게 어떨까요? 이를테면 일본 세력이 미치지 못하는 중국 북동부의 '열하'나 '차허얼' 등지의 황무지를 얻어 만주의 동포들을 이주시키는 겁니다. 그래서 황무지를 개간하여 농사를 짓게 하면서 그들을 가르쳐 실력을 길러 두는 겁니다. 이렇게 독립 기지를 건설한 다음 때를 기다려 움직이는 겁니다. 선생님 생각은 어떠십니까? 내가 보기에 가장 좋은 방법 같은데, 문제는 우리에게 땅도 없고 자금도 없다는 겁니다."

"심산, 그렇게 한탄만 해서야 되겠나. 적극적으로 나서야 길이 열리지. 먼저 자네와 친한 중국 정계 인사들을 찾아가서 땅을 빌리는 문제를 의논해 보게. 그래서 다행히 땅을 빌리게 된다면 자금을 구하는 문제는 그때 가서 의논해도 되지 않겠나."

"말씀을 듣고 보니 그렇군요. 알겠습니다. 말씀하신 대로 일을 추진해 보겠습니다."

김창숙은 다음날부터 중국 정계 인사들을 만나러 다녔다. 그래서 그들과 땅을 빌리는 문제를 의논한 결과, 수원 바오터우(포두) 지방에

서 개간 가능한 땅 3만 정보를 빌릴 수 있었다.

　다음은 황무지 개간 자금을 얻는 것이 문제였다. 김창숙은 동지들과 그 문제를 의논했으나 많은 액수의 돈을 마련할 방법이 없었다.

　'우리 힘으로 안 되면 국내 동포들의 힘을 빌리는 수밖에. 그들의 정성이 모아진다면 자금을 구할 수 있을 것이다.'

　김창숙은 국내로 사람을 보내 모금 활동을 벌이기로 했다. 그런데 그 일을 할 만한 사람을 마땅히 구할 수가 없었다. 그는 탄식했다.

　'산 넘어 산이로구나. 땅만 빌려 놓고 여기서 포기해야 하는가?'

　그런데 이때 유림들이 곽종석의 문집을 간행하기 위해 서울에 모인다는 소식이 들렸다. 김창숙은 이 소식을 듣고 무릎을 쳤다.

'기회는 이때다. 내가 직접 가서 황무지 개간 자금을 모아 오자.'

김창숙은 이렇게 결심하고 함께 떠날 동지들을 물색했다. 송영우·김화식이 뜻을 같이하여 두 사람을 먼저 국내로 보냈다.

김창숙은 이 일을 비밀리에 추진하여 신채호 외엔 아는 사람이 없었다. 당시 그는 국내에서 아들 김환기를 불러들여 공부를 시키고 있었는데, 아들에게도 알리지 않았다. 떠날 때는 북만주에 볼일이 있어 잠시 다녀온다고 둘러댔다.

김창숙은 1925년 8월 초에 베이징을 출발하여 하얼빈으로 갔다. 하얼빈에서 10여 일 머무른 뒤 누더기 농부 옷으로 갈아입었다. 그러고는 기차를 타고 안둥(안동) 현으로 갔다. 김창숙은 안동 현에서 압록강 철교를 걸어서 건넌 다음, 신의주에서 기차를 타고 서울에 도착했다. 서울에서는 적선동에 방을 얻었다.

김창숙은 송영우, 김화식과 서울에서 만나기로 약속이 되어 있었다. 그는 두 사람에게 쪽지를 보내 부른 뒤 곽종석 문집 간행소로 보내 곽윤과 김황을 오게 했다.

"이게 얼마 만인가? 6년 만에 뵙는구려."

곽윤과 김황은 김창숙을 얼싸안고 재회의 기쁨을 나누었다. 파리장서 사건으로 많은 유림들이 고초를 겪었고, 스승 곽종석이 결국 세상을 떠났다는 이야기를 전해 들은 김창숙은 눈물을 흘렸다. 나라를 되찾기 위해 한마음 한뜻으로 한 일이었지만, 그에 따른 시련도 컸기에 마음이 아팠던 것이다.

"내가 죽음을 무릅쓰고 국내로 숨어 들어온 것은……."
김창숙은 조용하지만 엄숙한 목소리로 운을 뗐다.
"중국에 독립 기지를 건설할 자금을 모으기 위해서요. 여러분이 이 일에 적극 협조해 주기 바라오."
"여부가 있겠습니까. 저희가 발벗고 나서야지요. 곽종석 선생 문집 간행소에 있는 분들과 힘을 합쳐서 자금을 마련하도록 힘써 보겠습니다."
"고맙소."
김창숙은 곽윤을 경상북도로 보내고 김황을 경상남도로 보냈다. 그래서 친척과 친지들 가운데 재산이 많은 사람들과 접촉하게 했다. 또 몇 사람을 더 불러와 여러 지방에 보내 모금 활동을 벌이게 했다. 그런데 그 중 한 사람이 서울로 돌아와 김창숙에게 말했다.
"진주에 사는 어떤 부자가, 심산 선생님을 총독부 경무국에 귀순시킬 테니 선생님의 뜻을 알아오라는데요. 선생님, 귀순하시렵니까?"
김창숙은 미간을 찌푸렸다.
"그 부자에게 가서 이 말을 전하게. '친일 부자의 머리를 독립문에 걸지 않으면 우리 한국은 독립할 수 없을 것이다.' 알겠나?"
김창숙은 숙소를 다동으로 옮겼다가 금강산 아래 온정리에서 수십 일 지낸 다음 서울로 올라왔다.
모금 활동의 결과는 생각보다 저조했다. 각지에서 돌아온 동지들은 한숨을 쉬며 한결같이 이런 말을 했다.

"다녀 봐야 별 소득이 없었어요. 국민의 기운이 다 죽었나 봐요. 협조를 부탁하면 대부분 쌀쌀맞게 거절하거나 겁이 나서 응하지 않아요. 응하는 사람은 몇 사람 되지 않아요. 걷히는 돈도 노잣돈에 불과하고요."

김창숙은 허탈했다. 이렇게 호응이 없다니 알다가도 모를 일이었다. 3·1 운동 당시 독립 만세를 외치던 그 뜨거운 애국심은 어디로 갔단 말인가.

김창숙은 그렇다고 주저앉을 수는 없었다. 자신이 직접 나서서 마지막으로 영남 지방을 집중 공략해야겠다고 마음먹었다.

김창숙은 11월에 송영우와 김화식 두 사람을 데리고 대구로 내려갔다. 그는 남산동에 있는 박인동 노파의 집에 들어앉아, 친척들을 불러 영남 지방의 각 군으로 보냈다.

그러던 어느 날이었다. 김창숙이 화장실에 있을 때 갑자기 대문 두드리는 소리가 났다. 그때 마침 주인 노파는 외출하여 집에 없었다.

"경찰이오. 빨리 대문을 여시오."

대문을 두드리는 사람은 일본 순사였다. 그는 어서 나오라고 재촉하고 있었다. 김창숙은 가슴이 덜컹 내려앉았다. 정보를 입수한 일본 경찰이 자신을 잡으러 온 게 아닐까?

이때 방 안에는 김화식이 있었다. 김화식은 대문 두드리는 소리가 나자 얼른 권총을 빼어 들었다. 그리고 긴장한 얼굴로 바깥 동정을 살폈다.

김창숙은 더 이상 지체할 수 없어 화장실에서 나와 대문을 열어 주었다.

순사는 얼굴을 찡그리며 투덜거렸다.

"빨리빨리 나오지 뭘 꾸물거리는 거요?"

"이거 죄송합니다. 마침 화장실에 있었거든요."

김창숙은 태연히 웃으면서 대꾸했다.

순사는 김창숙에게 이것 저것 물어 보았다. 그리고 대답하는 말을 수첩에 받아 적었다. 다행히 순사는 김창숙이 우려하는 일에 대해선 묻지 않았다. 낯선 사람이 살고 있다는 제보가 들어와 일부러 찾아온 모양이었다.

순사는 한 시간 남짓 캐묻더니 실례했다며 순순히 물러갔다.

순사가 돌아가자 김화식이 방에서 나와 말했다.

"방문을 열지 않아 다행이에요. 방문을 열면 총을 쏠 준비를 하고 있었거든요. 저 왜놈 순사가 명이 긴 사람인가 봐요."

김창숙은 일본 순사가 다녀갔으니 다른 은신처를 찾아야 했다. 그래서 동지들과 의논하여 칠곡 관음동 배석하의 집으로 옮겨갔다가 열흘 뒤에 그곳을 떠났다. 이웃 마을에서 들려오는 소문이 좋지 않아서였다.

김창숙은 양산 물금에서 버스를 탔다. 버스는 울산을 향해 달리기 시작했다.

그런데 버스가 언양의 냇가를 지날 때였다. 갑자기 승객들이 비명

을 내질렀다. 버스가 서너 길 낭떠러지 아래로 굴러떨어졌던 것이다. 그 순간 김창숙도 정신을 잃었다.

김창숙이 정신을 차린 것은 그로부터 얼마 뒤였다. 여기저기서 부상자들의 신음 소리가 들렸다. 김창숙도 허리를 다쳐 꼼짝할 수가 없었다.

버스 사고 소식을 듣고 언양과 울산의 일본 순사 수십 명이 사고 현장으로 달려왔다. 김창숙은 그들을 보고 아연 긴장했다. 그런데 다행히도 그의 얼굴을 알아보는 순사는 없었다.

김창숙은 이날 밤 늦게 울산의 입암에 도착했다. 손진수와 그 아들 후익이 동구 밖 몇 리까지 마중을 나와 김창숙을 집으로 데려갔다. 김창숙은 그 집에서 묵으며 몸조리를 했는데, 워낙 허리를 크게 다쳐 수십 일 동안 꼼짝없이 누워지내야 했다.

손진수 부자의 극진한 간호로 몸을 회복한 김창숙은 1926년 2월 부산에 왔다. 그리고 동지들이 모인 자리에서 이렇게 말했다.

"내가 이번에 위험을 무릅쓰고 국내에 들어온 것은 우리 동포들이 적극 호응해 줄 것을 기대했기 때문이오. 그런데 막상 뚜껑을 열어 보니 사정은 그렇지 못했소. 기대했던 금액에 훨씬 미달되는 자금이 걷혔을 뿐이오. 설상가상으로 지금 일본 경찰이 사방에 깔려 수사를 한다니, 모금 활동을 중단하고 이제 중국으로 돌아가야 할 형편이오. 다시 압록강을 건너갈 면목이 없지만 이번 실패를 거울삼아 나는 해외 동지들과 함께 재기할 방법을 찾을 것이오. 지금 내가 가지고 나가는 자금으로는 황무지 개간 사업은 어림도 없소. 그래서 나는 중국으로 돌아가면 이 돈을 의열단 결사대에 넘겨줄 생각이오. 결사대로 하여금 일제의 각 기관을 파괴하고 친일 부호들을 모조리 잡아 없애게 해, 우리 동포들의 사기를 드높일 작정이오."

김창숙은 주먹을 불끈 쥐고 자기 계획을 털어놓았다.

독립 기지 건설 자금을 모으는 데는 실패했지만 그는 새로운 사업을 꿈꾸고 있었다. 그것은 죽은 재같이 되어 버린 동포들의 기운을 되살리는 일이었다.

한편, 김창숙이 무사히 압록강을 건너 중국으로 돌아간 뒤 국내에서는 전국의 유림 600여 명이 일본 경찰에 체포되었다. 김창숙의 모금 운동이 탄로 난 것이다. 이것을 '제2차 유림단 사건'이라고 하는데, 김창숙은 중국에 있어 화를 피할 수 있었다.

# 10. 나석주 의사

 김창숙이 중국 상하이에 도착한 것은 1926년 5월 그믐께였다. 그가 한국에서 돌아왔다는 소식을 듣고 이동녕·김구·김두봉·유자명·정세호 등이 달려왔다.
 "심산, 고생이 많았지요? 무사히 돌아와서 정말 다행입니다."
 동지들은 김창숙을 반갑게 맞이하며 위로의 말을 던졌다.
 김창숙은 김두봉의 집에서 묵게 되었는데, 이동녕과 김구를 따로 불러 국내의 상황을 설명했다.
 "우리 동포들의 사기가 이미 죽은 지 오래입니다. 비상 수단을 써서 사기를 살려 놓지 않으면, 우리 해외에 있는 사람들도 장차 돌아갈 곳이 없어 궁핍함을 면치 못할 것입니다. 내가 가지고 온 몇 푼의 돈으로는 독립 기지 건설은 도저히 불가능합니다. 그래서 차라리 이 돈을 청년 결사대에게 주어, 무기를 가지고 국내로 들어가서 왜정 기관을 파괴하고 친일 부호들을 없애는 데 쓰는 게 어떻겠습니까? 이렇게 해서 동포들의 의기를 살린 다음 다시 국내와 연락을 취하는 겁니다."

김창숙의 말에 이동녕과 김구는 고개를 끄덕였다.

"그게 좋겠군. 참으로 현명한 생각이오."

두 사람은 찬성의 뜻을 밝혔다. 김구가 입을 열었다.

"나와 친한 결사대 대원으로 나석주·이승춘 같은 이가 있어요. 둘 다 지금 톈진(천진)에 있지요. 톈진에는 의열단 단원들이 많이 있으니 유자명과 먼저 상의해서 무기를 구입한 뒤 톈진으로 가는 게 어떻겠소?"

"아, 그런 방법도 있군요. 좋습니다."

김창숙은 즉시 유자명을 불러서 의향을 물어 보았다. 유자명은 두 말없이 명령에 따르겠다고 했다. 김창숙은 그 자리에서 자금을 내놓았다.

"이 돈으로 무기를 구입해 주시오."

유자명은 그 돈을 받아 당장 무기를 사들였다. 그러자 김창숙은 유자명과 함께 6월 초에 무기를 가지고 베이징으로 갔다. 그는 베이징에서 신채호·장건상 등 동지들과 만난 다음 톈진으로 떠났다.

김창숙은 톈진에서 유자명·한봉근 등과 함께 나석주·이승춘을 만났다.

"그대들이 지금 잠자고 있는 대한의 민족혼을 일깨워 줘야겠소."

김창숙은 이렇게 말하며 김구가 써 준 소개 편지를 보여 주고 거사 계획을 들려주었다. 그러자 나석주와 이승춘은 주먹을 불끈 쥐며 말했다.

"저희한테 맡겨 주십시오. 사나이 대장부로서 이제야 죽을 길을 찾았군요."

"저희는 죽음을 각오한 지 오래입니다. 보내 주신다면 당장 국내로 들어가겠습니다."

김창숙은 두 사람의 말을 듣고 가슴이 뭉클했다. 모두 다 애국심에 불타는 열혈 청년들이었다.

김창숙은 그들 앞에 가지고 온 무기를 내놓았다. 권총 7자루, 폭탄 3개, 실탄 490여 발이었다. 김창숙은 무기와 거사 자금을 주며 말했다.

"지금 국내에는 민족의 고혈을 빨아먹고 있는 식산 은행과 동양 척식 회사가 있소. 국내에 들어가 보니 그 횡포가 이루 말할 수 없이 심하여 우리 동포들이 큰 고통을 겪고 있었소. 이 두 곳을 그대들의 손으로 폭파해 주시오. 거사가 성공하는 날, 일제는 간담이 떨어져 더 이상 착취하지 못할 것이며, 또 잠자고 있는 대한의 민족혼이 깨어나 불길처럼 타오를 것이오. 그대들의 장거는 훗날 우리 독립운동사에 길이 빛나게 될 것이니 부디 힘써 주시오."

김창숙은 당부의 말을 마친 뒤 동지들과 굳은 악수를 나누었다.

나석주·이승춘·유자명·한봉근이 곧장 웨이하이(위해)로 떠나고 김창숙은 베이징으로 돌아갔다. 나석주 등 네 사람은 웨이하이에서 배를 구해 바닷길을 통해 국내로 잠입할 계획이었다.

7월에 아들 환기가 병이 들어 고국으로 돌려보낸 김창숙은, 나석주 등이 아직도 웨이하이에 머물러 있다는 소식을 들었다. 그 소식을 들자마자 김창숙은 톈진을 거쳐 웨이하이로 갔다.

"어찌된 일이오? 아직도 출발을 못 하고 있으니."

"사정이 그렇게 됐습니다. 배를 구하지 못했거든요."

"아직도 배를 구하지 못했다구? 저런."

동지들을 만난 김창숙은 혀를 끌끌 찼다. 안타까운 일이었다. 끝내 배를 구하지 못한다면 모든 계획이 수포로 돌아가는 것이다.

김창숙은 동지들이 머물러 있는 것을 보고 혼자 베이징으로 돌아갈 수는 없었다. 동지들과 함께 지내며 배를 구하러 다녔다. 그리하여 일행이 웨이하이에 온 지 반 년이 흐른 12월에야 간신히 배편을 마련할 수 있었다. 그런데 문제가 생겼다. 반 년을 보내다 보니 거사 자금이 많이 줄어든 것이다. 남은 자금은 네 명이 국내에 들어가기엔 턱없이 부족했다. 할 수 없이 나석주 혼자 배를 타고 떠나고, 나머지 사람들은 웨이하이에 남기로 했다.

1926년 12월 24일, 나석주는 이통 호에 몸을 실었다. 이 배는 다롄(대련)에서 출발하여 인천까지 운항하는 중국인 소유의 여객선이었다. 나석주는 중국 노동자 옷인 쿠리복을 입고 있었다. 따라서 누가 보더라도 영락없는 중국인 모습이었다.

이통 호는 12월 27일 오후 2시에 인천 부두에 닿았다. 꿈에 그리던 고국에 돌아왔지만 나석주는 감격에 젖을 수 없었다. 승객들과 함께 배에서 내리며 긴장한 얼굴로 주위를 둘러보았다. 그는 가방을 쥔 손에 힘을 주었다. 가방 속에는 폭탄 두 개와 권총, 실탄 40여 발이 들어

있었다.

나석주는 인천 시내 중국인들이 모여 사는 지나정(차이나타운) 38번지, '원화잔'이란 여관을 찾아갔다. 나석주는 그곳에서 저녁을 먹고 그날 밤 8시 45분발 서울행 열차에 몸을 실었다. 서울 남대문역(서울역)에 도착하니 10시 15분이었다.

나석주는 남대문통 5정목 13번지에 있는 중국 여관 '동춘잔'에 들었다. 그는 숙박계에 '마중덕'이라 쓰고 나이는 35세, 주소는 중국 장쑤 성(강소성)이라 기록했다. 중국말을 잘하는 그는 철저히 중국인 행세를 했던 것이다.

다음 날 아침 여관에서 나온 나석주는 황금정(을지로)으로 갔다. 황금정 입구에는 동양 척식 회사 건물이 서 있었다. 그리고 그로부터 불과 200여 미터 거리에 조선 식산 은행이 있었다.

동양 척식 회사는 1908년 일본이 한국 경제를 수탈하기 위해 설립한 기관이었다. 1천만 원의 자본금으로 서울에 본점을 두어 발족시켰는데, 그 자본금으로 1913년까지 4만여 정보의 토지를 사들였다. 동양 척식 회사는 그렇게 얻은 토지를 모두 소작을 주어 고율의 소작료를 거두어들였으며, 가난한 농민에게 곡식을 2할 이상의 높은 이자로 빌려주는 등 착취를 일삼아 한국인에게는 '도척(盜拓)'이라고 불릴 정도였다.

조선 식산 은행 역시 한국 경제를 수탈할 목적으로 설치한 금융 기관이었다. 1918년 10월에 발족되었지만 1906년 설립된 농공 은행이 조선 식산 은행으로 개칭되었을 뿐이었다. 이 은행은 토지를 사려는 일본인들이나 동양 척식 회사에 거액의 자금을 빌려주는 등 식민지 수탈의 지원 기관이 되어 있었다.

따라서 동양 척식 회사와 조선 식산 은행은 일제의 침략 기구로서 원성의 대상이 될 수밖에 없었다. 김창숙이 나석주를 보내 거사 장소로 삼은 것도 이 두 곳이 일제의 대표적인 착취 기관이기 때문이었다.

나석주는 오전에 동양 척식 회사와 조선 식산 은행에 들러 현장을 확인했다. 그리고 오후 2시경에 동양 척식 회사에 다시 나타났다. 나석주는 정문 수위실에 천천히 다가가서 수위에게 종이 쪽지를 내밀었다. 수위가 나석주를 올려다보며 물었다.

"이게 뭐요?"

수위는 종이 쪽지를 받아 들여다보았다. 거기에는 '이아무개'라고 적혀 있었다.

"그 사람을 만나러 왔는데요."

나석주는 서투른 한국말로 더듬더듬 말했다. 중국 옷을 입고 있었기 때문에 중국 사람으로 위장하기 위해서였다. 수위는 나석주를 위아래로 훑어보더니 차갑게 내뱉었다.

"그런 사람 없어."

"실례했습니다."

나석주는 머리를 꾸벅이며 인사하고 수위실을 떠났다. 그러나 5분 뒤에 조선 식산 은행에 모습을 드러냈다. 나석주는 정문 일반 통용문으로 들어가, 은행 사무실 남쪽에 있는 대부계를 향하여 신문지에 싼 폭탄 한 개를 던졌다. 폭탄은 은행 창구의 철책을 넘어 대부계 뒤 담벽 기둥에 맞고 그 아래로 떨어졌다. 그런데 어찌된 일인지 폭탄은 터지지 않았다. 불발탄이었다. 나석주는 서둘러 은행을 빠져나왔다.

이때 은행 안에는 나석주가 폭탄 던지는 것을 본 사람이 있었다. 조일 양조 회사 직원인 나카무라였다. 그는 나석주가 돌멩이를 던진 줄 알고 수위에게 연락했다. 수위는 떨어진 폭탄을 주워 은행 서무과로 가져갔다. 서무과 직원 오다가 그것을 보더니 깜짝 놀라는 표정을 지었다.

"이것은 폭탄 아닌가?"

"예? 폭탄이오?"

주위에 있던 사람들이 새파랗게 질렸다. 벌써 문 밖으로 달아나는 사람도 있었다.

"걱정할 것 없습니다. 불발탄이니까요."

오다는 휴직 중인 육군 중좌였다. 그래서 폭탄을 한눈에 알아본 것이다. 오다는 본정 경찰서(지금의 중부 경찰서)에 신고했다. 일본 경찰은 신고를 받자마자 은행으로 출동했다.

나석주는 조선 식산 은행에서 동양 척식 회사로 달려왔다. 정문 수위실 책상 앞에는 마침 조선 부업 협회 잡지 기자인 다카기가 찾아와 무엇인가를 쓰고 있었다. 나석주는 그에게 총을 쏘고는 번개같이 2층으로 뛰어 올라갔다. 이때 총소리를 듣고 놀라 아래층 식당에서 다케

지라는 직원이 뛰어왔다. 다케지가 뒤쫓아 올라오자 나석주는 그에게도 총을 쏘아 거꾸러뜨렸다.

나석주는 2층 남쪽에 있는 토지 개량부 기술 과장실로 뛰어들었다.

"누, 누구야?"

외마디 소리를 지를 사이도 없이 맞은편 의자에 앉아 있던 과장 차석 오오모리가 총에 맞아 쓰러졌다. 그리고 문을 박차고 뛰어나가는 과장 아야다가 뒤에서 총을 맞고 거꾸러졌다. 나석주는 토지 개량부 기술과 사무실로 들어가 권총을 난사하며 폭탄 한 개를 던졌다. 그런 뒤 처음 올라왔던 길로 다시 내려왔다. 나석주는 문 밖으로 나서며 폭탄이 터지길 기다렸다. 그러나 어찌 된 일인지 이번에도 폭탄은 터지지 않았다.

나석주는 동쪽 뒷문을 향해 뛰었다. 뒷문 수위실에는 수위가 천진당 시계점 점원과 함께 앉아 이야기를 나누고 있었다. 나석주는 이들에게 총을 한 방씩 쏘고는 뒷문을 빠져나왔다. 그는 오른손에 권총을 쥔 채로 황금정 길거리로 달려나왔다.

이때 마침 정복을 입은 일본인 경관 한 사람이 앞을 가로막았다. 경기도 경찰부 경부과 경부보인 다바타였다. 나석주는 그의 가슴을 겨냥해 한 방 쏘고는 전찻길을 건너 동쪽으로 달아났다.

"서라!"

일본 경찰대는 나석주를 뒤쫓기 시작했다. 그들은 나석주를 향해 방아쇠를 당겼다. 그들의 총구에서 불이 뿜어졌다. 나석주는 황금정

2정목, 삼성당 건재 약국 앞에 다다르자 걸음을 멈추었다. 그리고 전신주 옆에 일부러 넘어지며 권총으로 자신의 가슴을 겨냥했다.

"탕!"

"탕!"

"탕!"

세 방의 총성이 울렸다. 나석주는 자신의 가슴을 겨냥했던 총구를 돌려, 달려드는 경찰을 향해 두어 방 쏘았다. 그리고 정신을 잃었다. 나석주는 경기도 경찰부 자동차에 실려 총독부 병원으로 갔다. 그러나 얼마 뒤에 병원에서 숨을 거두고 말았다.

김창숙은 나석주의 거사 소식을 듣고 감격의 눈물을 흘렸다.

"장하고 열렬하도다. 혼자 몸으로 총 한 자루를 가지고 많은 적을 쏘아 죽인 다음 태연히 죽음으로 돌아가다니."

뒷날 김창숙은 나석주를 회고하며, '3·1 운동 이래 결사대로 순국한 이가 퍽 많았지만 나 군처럼 한 사람은 없었다.'고 밝혔다.

# 11. 감옥에서도 꺾이지 않는 기개

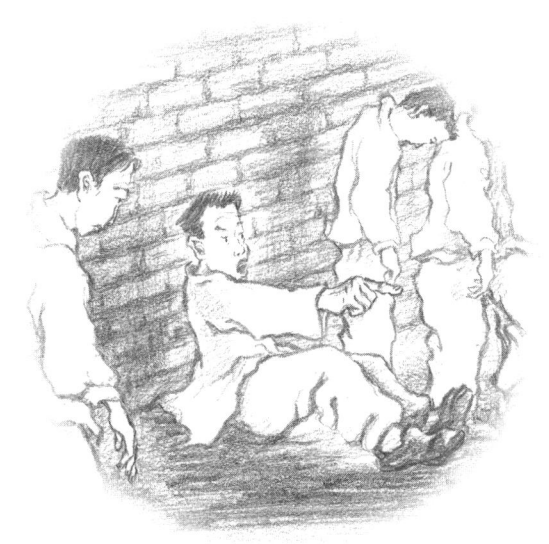

　김창숙이 큰아들 환기가 죽었다는 소식을 들은 것은 공공 조계에 있는 공제 병원에 입원해 있을 때였다. 김환기는 1926년 7월에 병이 나서 고국으로 돌려보냈다. 그런데 도착하자마자 일제 경찰에 체포되어 혹독한 고문을 받고 병이 악화되었다. 그러더니 결국 감옥에서 풀려난 지 얼마 안 되어 숨을 거둔 것이다.

　김창숙은 그 소식을 듣고 너무나 큰 충격이라 한동안 망연자실할 수밖에 없었다.

　이때 김창숙은 8월에 상하이로 돌아와서 임시 의정원을 개편하여 부의장에 선출되었는데, 치질 때문에 입원해 12월부터 몇 달째 병원 신세를 지고 있었다. 상태가 좋지 않아 이미 세 차례나 수술을 받았고, 상처가 아물기도 전에 이번에는 만성 맹장염 증세가 나타났다.

　의사는 기운을 차리는 대로 4차 수술을 해야 한다고 했는데, 그 즈음 가슴 아픈 소식을 들은 것이다. 김창숙은 그 뒤부터 병세가 더욱 악화되어 계속해서 병원 신세를 질 수밖에 없었다.

　김창숙이 입원한 병원은 영국인 의사가 경영하는 병원이었다. 그런데 그 병원이 공공 조계에 있어 일본의 밀정들이 엿볼 염려가 있었다. 그래서 김창숙은 이동녕·김구·김두봉·정세호·김원봉 등 가까운 동지 몇 사람에게만 입원 사실을 알리고, 다른 사람들에겐 알리지 않았다. 따라서 그들 몇 사람 외엔 문병 오는 사람이 없었다.

그러던 어느 날이었다. 김창숙이 입원한 병실로 두 사람이 문병을 왔다. 유세백과 박겸이었다.

"아니, 자네들이 웬일인가? 여긴 어떻게 알고 왔어?"

"선생님도 참, 저희가 못 올 데를 왔습니까? 편찮으시다는 소식을 듣고 왔습니다. 하루빨리 쾌차하셔야 할 텐데······."

두 사람은 김창숙의 손을 잡으며 위로의 말을 던졌다.

김창숙은 그들이 돌아간 뒤 내내 마음이 꺼림칙했다. 유세백과 박겸은 김창숙이 광저우에 있을 때 데리고 있던 학생들이었다. 중국어와 영어를 배우게 했는데, 상하이로 철수한 뒤에도 몇 달 동안 함께 지낸 적이 있었다.

하지만 두 사람은 상하이에 있는 동포들에게 일본 밀정으로 의심을 받고 있었다. 김창숙도 그런 소문을 자주 들었다. 따라서 그들이 문병 온 것을 심상히 보아 넘길 수가 없었다. 의심스럽고 걱정스러웠다.

'바로 퇴원해 버릴까? 아니야, 병원비가 300여 원이나 남아 있는데 그럴 수는 없지. 외국 사람에게 신용을 잃어서야 되겠나.'

김창숙은 고민에 빠졌다.

'어떻게 하는 게 좋을까? 유세백과 박겸이 진짜 일본 밀정이라도 나를 감히 해치지는 못할 거야. 나를 스승으로 생각하고 있고, 나에게 은혜를 입은 적이 있으니까. 오늘은 날도 저물었으니 내일 돈을 구해 병원비를 갚고 퇴원하도록 하자. 그 동안에야 별일이 없겠지.'

김창숙은 밤이 깊도록 잠을 이루지 못했다. 이 생각 저 생각하다 보니 새벽녘에야 겨우 눈을 붙일 수 있었다.

다음날 아침 8시쯤이었다. 김창숙은 병실 문이 벌컥 열리는 소리에 놀라서 눈을 떴다. 일곱 명의 사내가 병실 안으로 우르르 들어왔다. 영국인 경장 한 명과 일본 총영사관 형사 여섯 명이었다.

"김창숙, 당신을 체포한다."

형사들은 김창숙에게 종이 쪽지를 내밀었다. 그것은 영국 총영사가 서명한 체포장이었다. 형사들은 김창숙을 병실에서 끌어내 자동차에 태웠다. 그리고 일본 영사관으로 가서 그 안에 있는 감옥에 김창숙을 감금시켰다. 이때가 1927년 6월 중순이었다.

형사들은 8일 동안 아무 심문도 하지 않았다. 그 기간 동안 상부의 명령을 기다리는 것 같았다. 8일이 지나자 형사들은 김창숙을 감옥에서 끌어내 항구로 데려갔다. 항구에는 일본으로 떠나는 배가 기다리고 있었다. 김창숙은 배에 태워져 일본 나가사키로 갔다. 그리고 나가사키에서 시모노세키, 시모노세키에서 부산으로 압송되었다.

김창숙이 일본인 형사들과 함께 배에서 내리자, 부두에서 기다리고 있던 네 사람이 다가왔다.

"수고가 많으셨습니다. 우리는 경북 경찰부 형사들입니다."

오카다란 형사가 굽실거리며 일본에서 온 형사들에게 인사했다. 오카다와 같이 온 형사들은 최석현·남학봉·고창덕 등 한국인 형사들이었다. 그들도 머리를 조아렸다. 김창숙은 그들에게 넘겨졌다. 경북 경찰부 형사들은 김창숙의 손목에 수갑을 채웠다. 김창숙은 그 날로 대구 경찰서로 압송되어 하룻밤을 보낸 뒤 다음 날부터 심문을 받았다.

취조실에는 온갖 고문 도구가 너절하게 널려 있었다. 형사들은 그 도구들을 가지고 첫날부터 혹독한 고문을 가하기 시작했다.

김창숙은 고문을 받으면서도 태연히 웃으며 말했다.

"너희들이 내게 고문을 해서 정보를 얻으려 하느냐? 어리석은 짓 하지 마라. 나는 고문을 받다가 죽을망정 결코 함부로 말하지 않을 것이다."

그러고는 종이와 붓을 달라고 해서 시 한 수를 지어 보였다.

조국의 광복을 위해 일한 지 10년
생명도 가정도 돌보지 않았다네.
거침없이 살아온 삶 세상이 다 아는데
고문을 야단스럽게 할 필요가 있는가.

일본인 고등 과장 나리토미는 처음엔 이 시를 이해하지 못했다. 그래서 한국인 형사 최석현에게 물어 그 뜻을 알아내고는 김창숙에게 절을 하며 말했다.

"나는 비록 일본 사람이지만 선생님의 기개에 감동했습니다. 선생님께서는 생명도 가정도 돌보지 않는다시니, 고문으로는 선생님이 지키는 바를 빼앗을 수 없겠군요. 잘 알았습니다."

그 뒤부터 형사들은 김창숙을 '선생'이라고 부르며 심한 고문을 자제했다.

김창숙은 경찰부에서 한 달 남짓 취조를 받은 뒤에 검사국으로 옮겨졌고, 검사국에서 대구 형무소로 보내져 예심에 붙여졌다. 예심이란, 공판에 앞서 공판에서 조사하기 어려울 것으로 생각되는 증거를 수집하고 확보하기 위해 행하던 심사를 말한다.

김창숙은 감옥에 들어온 이후 병세가 악화되어, 거의 죽었다가 간신히 깨어난 적도 여러 번 있었다. 감옥의 담당 의사가 하루 걸러 찾아와 진찰하고 약을 주었지만 효험이 전혀 없었다.

예심은 1년 가까이 끌었는데, 예심이 끝나는 날 담당 검사 하세카와가 김창숙에게 말했다.

"내가 그 동안 한국인 독립운동가들을 많이 보았지만, 선생처럼 의지가 굳세고 꿋꿋한 사람은 처음 보았습니다. 우리 잠깐 정치상의 의견이나 나누어 볼까요?"

"이미 예심에서 모두 말했는데 더 이상 할 이야기가 있겠소?"

"선생이 독립운동을 한 것은 장하다면 장한 것이지만, 한국이 과연 독립을 할 수 있을까요? 독립을 하려면 힘이 있어야 하는데, 한국이 무슨 힘이 있어 독립을 할 수 있겠습니까?"

"우리 한국을 깔보지 마시오. 반드시 독립을 할 수 있으니까. 내가 보기에 일본 정치인은 시야가 좁아 천하 대세를 바로 보지 못하고 망령된 행동을 하고 있소. 본래 망령된 행동을 하는 자는 반드시 망하는 법이오. 따라서 나는 한국이 틀림없이 독립을 하리라 믿고 있소."

하세카와는 김창숙을 노려보았다. 일본이 반드시 망할 것이라고 김창숙이 힘주어 말했기 때문이다. 그러나 김창숙은 눈을 치뜨고 하세카와를 바라보았다. 하세카와는 김창숙의 의연한 자세에 질린 듯 고개를 돌려 버렸다.

1928년 7월 예심이 끝나자 가족과의 면회가 이루어졌다. 김창숙의 아내가 둘째 아들 찬기, 막내 아들 승로(형기)를 데리고 고향집에서 달려왔다. 김창숙은 죄수복을 입고 면회실로 나갔다. 그때 문을 제치고 승로가 김창숙에게 곧장 달려들었다.

"아버지!"

승로는 김창숙의 죄수복을 잡아끌고 울음을 터뜨렸다.

"네가 승로냐? 내가 집을 떠날 때는 겨우 백일밖에 안 되었는데 그새 많이 컸구나."

김창숙도 눈물을 글썽이며 승로를 바라보았다. 돼지나 송아지처럼 그냥 자라도록 버려 두고 떠나온 것이 10년 전이었다. 승로는 이제 열 살 소년으로 자라나, 얼굴도 모르는 아버지를 붙잡고 하염없이 울고

있었다. 이 광경을 보고 간수들도 눈시울이 뜨거워졌다.

김창숙은 찬기를 돌아보고 말했다.

"어머니께 효도하고 형제간에 우애 있게 지내거라. 또한 학업에 힘쓰고. 내 말 알겠지?"

"예, 아버지."

찬기는 양손을 모으고 공손히 머리를 숙였다.

김창숙은 아내를 돌아보았다. 아내는 눈물을 흘리며 그를 바라보고 있었다. 눈이 마주치자 아내가 입을 열었다.

"집안일은 어떻게 할까요?"

그러자 김창숙은 아내를 외면하며 말했다.

"그런 건 내게 묻지 마시오. 집안일을 잊은 지 이미 10년이오."

그러나 말은 그렇게 하면서도 목소리는 촉촉히 젖어 있었다. 조국의 광복을 위해 일하는 지난 10년 동안 집안을 돌보지 못해 아내에게 미안한 마음이 가슴 깊이 자리 잡고 있었던 것이다.

김창숙은 그 해 12월에 재판을 받았다. 검사는 김창숙에게 무기 징역을 구형했고, 판사는 14년 징역형을 선고했다. 그의 친척과 친구들은 재판 결과에 놀라며 울화를 터뜨렸다.

"못된 놈들, 나라를 위해 독립운동을 한 것이 무슨 죄라고 14년 징역형을 내리는가?"

"심산, 너무 억울하지 않나? 항소하게."

친척과 친구들은 김창숙에게 형량이 무겁다며 항소할 것을 권했다.

그러나 김창숙은 고개를 가로저었다.

"나는 변호도 거절한 사람일세. 그런데 항소를 하라니 말이 되는가?"

김창숙은 일본 법률에 따른 모든 절차를 인정하지 않았다. 스스로 포로의 신분이라고 생각했기 때문이다.

김창숙은 징역을 집행하는 날 대전 형무소로 옮겨졌다. 그는 고문을 받고 나서 그 후유증으로 심한 고통을 겪고 있었다. 이제는 두 다리가 마비되어 일어설 때 남의 부축을 받을 정도였다.

이때부터 김창숙은 늙어서 앉은뱅이가 되었다고 자신의 호를 '벽옹'이라 불렀다.

대전 형무소로 온 김창숙을 본 일본인 의사는 혀를 차고 탄식했다.

"이럴 수가 있나? 이런 중환자를 대구에서 이곳까지 옮겨 오다니. 너무도 가혹한 일이야."

일본인 의사는 김창숙을 병감에 집어넣고 흰 옷으로 갈아입혔다. 흰 옷은 가망이 없는 중환자라는 표시였다.

이때 김창숙의 누이동생이 대구에서 대전으로 옮겨왔다. 김창숙이 대구 형무소에 갇혀 있을 때는 손수 음식을 장만하여 하루에 세 번씩 옥문을 찾아온 누이였다. 그녀는 1년 9개월 동안 단 하루도 면회를 거르지 않아, 일본인 간수들도 그 정성에 탄복하지 않는 사람이 없었다.

김창숙에게는 누이가 위로 하나 있고 밑으로 셋이 있었다. 그 중에서 누이동생 둘이 일찍 죽고 누님과 누이동생 하나가 남아 있었다. 이 누이동생은 24세에 남편을 여의고 양아들 하나를 데리고 살다가, 김창숙이 중국으로 떠나자 친정으로 돌아왔다. 그래서 늙은 어머니를 모시고 함께 살았다. 어머니가 돌아가시자 법도에 어긋남 없이 장례를 모신 것도 그녀였다.

누이는 병동에 있는 김창숙이 위독하다는 소식을 듣고 손수 수의를 만들었다. 수의는 죽은 사람의 몸에 입히는 옷이다. 누이는 수의를 가지고 날마다 형무소를 찾아갔다. 감옥 안으로 들여보내 주지 않았기 때문에 울면서 옥문 앞에 종일 서 있었다.

"날이 저물었는데 그만 돌아가세요."

옥문을 지키고 있는 옥리가 걱정스레 말했다. 그래도 누이는 듣지 않고 밤늦도록 지켜 서 있다가 돌아가곤 했다. 그녀는 한 달 넘게 계속 찾아왔는데, 옥리도 그 정성에 감동되어 눈물을 흘리지 않을 수 없었다.

1929년 5월, 김창숙은 병세가 위급해지자 형 집행 정지로 가석방되었다. 그는 대구 병원에 입원했는데, 문병 온 친척과 친구들은 김창숙이 살아날 가망이 없다며 서로 붙잡고 눈물을 흘렸다. 수십 일 뒤에는 생명이 위독해져 고향집으로 옮겨졌다.

그런데 한 달쯤 되었을 때였다. 대구 지방 법원 검사장이 의사 몇 사람을 데리고 김창숙의 집을 찾아왔다. 검사장은 의사들에게 진찰을 시키더니 갑자기 일본인 순사들을 불러 말했다.

"김창숙을 교자에 태워라."

명령이 떨어지자 순사 10여 명이 김창숙이 누워 있는 방으로 우르르 들어갔다. 그들은 김창숙을 밖으로 들어내더니 교자에 태워 대구 형무소로 데려갔다. 8월 하순의 일이었다. 감옥에 갇힌 김창숙을 보고 일본인 의사는 깜짝 놀랐다.

"이렇게 가혹할 수가 있나. 중환자를 옥에 가두다니."

의사는 검사장에게 김창숙을 다시 형 집행 정지로 풀어 줄 것을 건의했다. 그러나 그 건의는 받아들여지지 않았다. 오히려 검사장은 다음 날 김창숙을 대전 형무소로 이감시켜 버렸다.

대전 형무소의 일본인 의사 역시 김창숙을 보고 놀라는 것은 마찬가지였다. 너무 혹독하다면서 김창숙을 즉시 병감에 넣어 흰 옷을 입혔다. 그리고 간병부 한 사람을 곁에 두어 돌보게 했다.

몇 년이 지나자 김창숙은 조금씩 회복되기 시작했다. 이제는 남의 도움을 받지 않아도 혼자서 간신히 눕고 일어날 수는 있게 되었다.

김창숙은 유학 계통의 책을 읽고, 문방 제구(종이·먹·벼루·붓 등 글을 쓰는 데 필요한 모든 기구)를 구입해 글도 쓰며 지냈다. 감옥에서는 규칙이 아주 까다로워 책을 읽거나 글을 쓸 수 없었지만, 옥리와 다투고 다툰 끝에 얻은 자유였다.

1933년 가을의 어느 날이었다. 그날 따라 날씨가 좋아, 김창숙은 간병부에게 업혀 나가 정원에서 일광욕을 하고 있는데, 낯익은 얼굴이 다가와 인사를 했다.

"저, 구연흠입니다."

구연흠은 김창숙이 상하이에 있을 적에 알고 지내던 사이였다. 김창숙은 구연흠과 반갑게 악수를 한 뒤 이야기를 나누기 시작했다.
 얼마나 시간이 지났을까, 갑자기 '일동, 차렷' 소리가 들렸다. 새로 부임한 전옥(형무소 소장) 미야사키가 간수들을 거느리고 병감에 나타난 것이다. 정원에 있던 여러 죄수들이 벌떡 일어나 전옥에게 허리를 조아렸다. 구연흠도 허둥지둥 일어나 절을 하였다. 그러나 김창숙

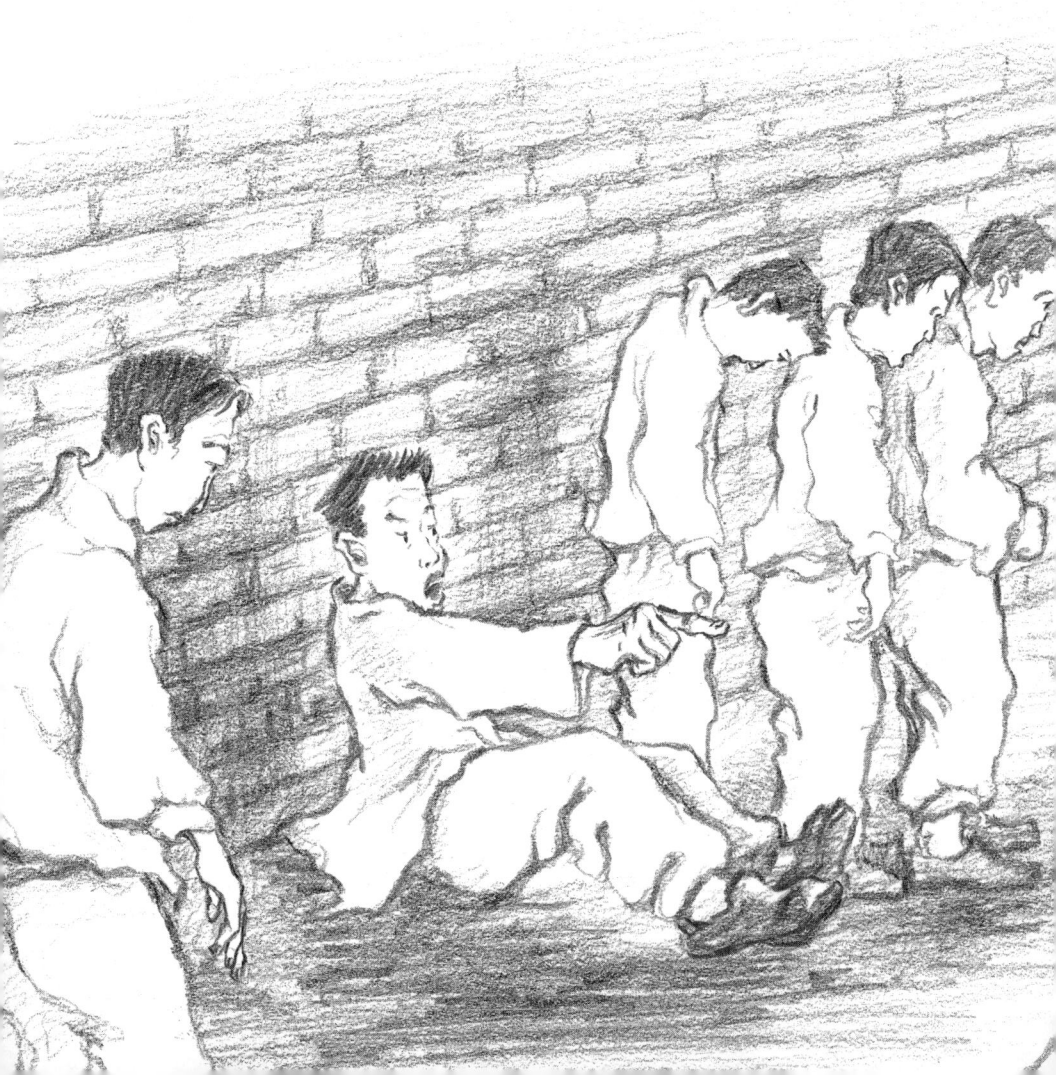

은 전옥을 못 본 체하고 가만히 있었다. 전옥은 김창숙을 쏘아보더니 담당 간수를 불러 이렇게 꾸짖었다.

"도대체 죄수들을 어떻게 교육시켰나? 전옥을 보고 절을 하지 않으니. 앞으로는 반드시 절을 하도록 죄수들을 엄하게 다스리게."

"예, 잘 알겠습니다."

간수는 머리를 조아리며 대답했다. 전옥이 간수들을 데리고 그곳을

떠나자, 담당 간수가 김창숙에게 다가와 전옥의 말을 전했다.

"선생께서도 다른 사람 하는 대로 절을 하시오. 죄수가 전옥에게 절하는 것은 예의 아니겠소."

"예의는 무슨 예의. 나는 감옥에 들어온 지 이미 6, 7년이 지났지만 옥리를 보고 머리 한 번 숙여 본 일이 없소."

사실이었다. 김창숙은 감옥에서 간수들에게 절을 한 적이 한 번도 없었다. 이런 사실을 아는지 모르는지 전옥은 김창숙을 볼 때마다 간수를 시켜 절을 하라고 강요했다. 그러나 김창숙은 그때마다 완강히 거부했다. 위협한다고 굽힐 사람이 아니었다.

어느 날, 전옥이 간수 서너 명을 데리고 병동을 찾아왔다. 이번에도 김창숙이 자신을 보고 절을 하지 않자, 전옥은 화가 나서 큰 소리로 꾸짖었다.

"전옥이 오면 예의를 차려 인사를 해야지! 얼른 일어나서 절을 해라!"

"못 한다!"

"못 해?"

"그렇다. 내가 너희들에게 절을 하지 않는 것은 나의 독립운동 정신을 지키기 위해서이다. 절은 곧 상대방에게 경의를 표하는 것인데, 내가 왜 너희들에게 경의를 표한단 말이냐?"

"잔말 말고 빨리 절을 해라!"

"그렇게는 못해!"

김창숙도 화가 나서 벌컥 고함을 질렀다. 전옥은 김창숙을 무섭게 쏘아보더니 씩씩거리며 돌아갔다.

그러나 그것으로 끝난 것이 아니었다. 잠시 뒤 간수 몇 사람이 오더니 김창숙이 갖고 있는 책들과 문방 제구를 모조리 가져가 버렸다. 그리고 전옥은 간수들을 불러모아 김창숙의 처벌 방법을 의논했다. 하지만 중환자에게 형벌을 줄 수 없어 김창숙을 잡범들이 우글거리는 방으로 옮기게 했다.

김창숙은 분하여 견딜 수가 없었다. 그래서 앉은자리에서 시 한 수를 지었다.

7년 세월 죄수로 몸져누웠으나
나는 본래 자세를 지켰네.
머리를 조아리고 무릎을 꿇으라니 말이 되는가.
분한 눈물이 창자를 찢는구나.

전옥은 어떻게든 김창숙을 무릎 꿇게 하리라 다짐한 모양이었다. 일본 공산당원 두 사람의 사상 전향 성명서를 가져다 읽히더니, 간수 신중식을 시켜 최남선이 지은 〈일선 융화론〉을 읽으라고 전했다. 김창숙은 그 책을 조금 읽다가 구겨서 던져 버렸다.

"이것이 기미 독립 선언서를 쓴 자가 할 소리인가? 일본에 붙은 반역자가 미친 소리로 시끄럽게 짖어댄 흉악한 책은 더 이상 읽고 싶지 않다."

신중식이 이 광경을 보고 눈이 휘둥그레졌다. 그는 책자를 주워 펴며 말했다.

"의분을 못 이겨 하신 말씀이겠지만 조심하십시오. 잘못하면 화를 부릅니다."

다음 날 다른 간수가 지필묵을 가져와 말했다.

"전옥께서 〈일선 융화론〉에 대한 감상문을 써 내시라는데요."

"나는 감상문을 쓰고 싶지 않다. 책을 읽은 감상은 신중식에게 다 말했으니, 전옥에게 가서 신중식을 불러 물어 보라고 전해라."

그러나 전옥은 재차 사람을 보내 감상문을 쓰라고 강요했다. 김창숙은 독촉을 받자 지필묵을 들어 시 한 수를 썼다.

독립 선언서를 발표하던 날
의로운 외침이 6대주에 진동하더니
굶주린 개 되어 지금은 원식을 위해 짖는도다.
양 의사처럼 비수를 들 사람 어찌 다시 없으랴.

이 시는 양근환이 친일파 민원식을 찔러 죽인 사실을 들어 쓴 시였다. 김창숙이 시를 보여 주고 그 내용을 설명하자, 간수는 깜짝 놀라며 말했다.

"선생께서는 14년의 장기수인데 어째 이런 과격한 시를 쓰십니까?

그러다가는 살아서 옥문을 나가지 못합니다. 새 종이를 드릴 테니 이걸 찢어 버리고 순한 말로 다시 써 주십시오."

"나를 걱정해 주는 것은 고마우나 나는 화를 겁내는 사람이 아니네."

"아닙니다. 제가 일러 드린 대로 하십시오."

간수는 간곡히 말하며 시를 적은 종이를 찢으려고 했다. 김창숙은 그것을 말리며 힘주어 말했다.

"자네가 아무리 그래도 나의 신념을 꺾지 못하네."

간수는 더 이상 권해도 안 되자, 수첩을 꺼내 그 시를 옮겨 적고는 탄식하며 돌아갔다.

이 시는 형무소 안에서 유명해졌다. 수백 명의 간수들 수첩에 올라 퍼지더니, 나중에는 죄수들 가운데 한자를 약간 아는 사람은 너나없이 외우게 된 것이다.

## 12. 광복은 되었건만

김창숙이 형 집행 정지로 감옥에서 풀려난 것은 1934년 9월이었다. 병세가 위독했기 때문이다. 김창숙은 대구 남산 병원에 입원해 3개월쯤 치료를 받았다. 이때 곁에서 한시도 떠나지 않고 시중을 든 것은 둘째 며느리 손응교였다. 그녀는 시집와서부터 김창숙이 세상을 떠날 때까지 김창숙을 따라다녔으며, 몸이 불편한 시아버지의 손발 노릇을 하였다.

김창숙은 병원에서 퇴원한 뒤 대구 남산동 고아원 앞에 집을 하나 얻어 있다가, 영남의 갑부인 장길상(장택상의 형) 집 뒤에도 잠깐 있었다. 그렇게 대구에서 지내다가 1936년 3월에는 울산 백양사로 요양을 떠났다. 그가 요양을 떠날 수 있었던 것은, 김창숙이 걸음도 못 걷는 환자였기 때문에 도주 우려가 없다고 일본 경찰이 판단했기 때문이다.

김창숙은 울산 백양사로 내려가 방을 얻어 요양 생활을 시작했다.

옆방에는 '차대운'이란 젊은이가 살고 있었다. 그는 익힌 음식과 술, 고기를 먹지 않고 수련을 하는 사람이었다. 김창숙은 그의 도움을 많이 받았다. 눕고 일어날 때 부축해 주고 대소변을 치워 주는데, 그 정성이 여간 지극한 것이 아니었다.

김창숙이 요양을 왔다고 일본 경찰이 감시를 소홀히 한 것은 아니었다. 한국인 순경을 보내 항상 김창숙을 감시했다.

이때 김창숙은 동지들에게 연락할 일이 있으면 며느리를 보냈다. 며느리를 시켜 비밀 문서를 전하게 한 것이다. 동지들은 김창숙에게 연락할 일이 있으면 백양사로 사람을 보냈다. 그럴 때는 반드시 거지로 변장해서 보냈다. 김창숙이 감시를 당하고 있었기 때문이다. 거지로 변장한 심부름꾼은 절을 찾아와서 반드시 이렇게 말했다.

"배가 고파서 왔습니다. 밥 두 숟가락만 주십시오."

그것은 김창숙과 동지들 사이에만 통하는 암호였다. 이렇게 암호를 말하면 심부름꾼을 불러들여 밥을 대접하고 비밀 문서를 넘겨받았다.

김창숙의 누이도 자주 찾아왔다. 올 때마다 의복과 음식을 가져와 곁에서 시중을 들며 보살펴 주었다.

1940년 4월이 되었다. 김창숙을 항상 감시하던 한국인 순경이 와서 조용히 말했다.

"선생님이 이곳에 오신 지 벌써 만 4년이 되었습니다. 저희는 늘 검사국의 명령을 받아 움직이는데, 최근에 그 명령이 좀 완화되었거든요. 선생님께서는 이제 집에 가서서 요양하셔도 될 겁니다."

이에 김창숙은 5월 12일에 어머니의 묘소를 찾아갔다. 20년 동안 미루어 두었던 시묘살이를 하기 위해서였다. 시묘살이란, 부모의 무덤 옆에 막을 짓고 3년을 지내는 일이다. 김창숙은 어머니 무덤 서쪽 두어 걸음 거리에 있는 초가를 빌려 살며 추복(사정이 있어 상복을 입지 못한 사람이 나중에 상복을 입고 복상하는 것)을 했다. 이때 누이도 찾아와 함께 있었으며 오래도록 떠나려 하지 않았다.

이 무렵 국내에서는 1936년 8월 미나미가 조선 총독으로 부임해 오면서부터 이른바 '황국 신민화 정책'이란 것이 강제로 시행되고 있었다. 미나미는 조선군 사령관, 관동군 사령관을 역임한 군인이었다. 그는 모든 한국인은 황국 신민이 되어야 한다면서 정신적으로 일본인을 만들려고 했다. 그래서 1937년 10월 2일 제정한 것이 '황국 신민의 서사'였다.

'나는 대일본 제국의 신민이다. 나는 마음을 합해 천황 폐하께 충성을 다한다.'

이렇게 시작되는 서사를 매일 아침 외도록 했다. 또한 1면 1신사의 원칙을 세워 방방곡곡에 신사를 지어 놓고 참배를 강요했으며, 심지어 각 가정마다 일본 귀신을 모신 가미다나를 설치해 매일 아침 저녁으로 절하게 했다. 뿐만 아니라 1940년에는 '창씨 개명' 제도를 실시하여, 한국인의 성과 이름을 일본식으로 고치도록 강요했다. 만일 이를 어기면 '불령 선인'이라 하여 붙잡아 가기까지 했다.

창씨 개명의 바람은 김창숙이 있는 곳에까지 불어닥치고 있었다. 하루는 일본인 순사 한 사람이 김창숙을 찾아와서 물었다.

"선생은 창씨를 했습니까?"

"안 했소."

"왜 아직도 안 했습니까? 지금 거의 모든 한국 사람이 창씨를 했는데."

"나는 한국 사람이오. 우리에게는 본래 성이 있고 씨가 있소. 성을 씨보다 중하게 여기기 때문에 부를 때도 반드시 성을 쓰고 씨는 쓰지 않는 것이오. 하지만 일본 사람은 씨만 있고 성이 없소. 내가 창씨에 불응하는 것은 나의 성이 소중하기 때문이오."

"우리 일본 사람은 성보다는 씨를 중히 여깁니다. 그래서 한국 사람들에게 성을 버리고 씨를 만들라는 겁니다. 그렇게 해야만 한국 사람도 황국 신민의 자격을 얻게 됩니다. 혼자서 반대하지 말고 창씨를 하십시오."

"싫다는데 강요하지 마시오. 나는 늙고 병들어 죽을 날이 얼마 남지 않은 사람이오. 죽는 한이 있더라도 창씨는 하지 않겠소."

일본인 순사는 그 뒤에도 여러 차례 찾아와서 회유와 협박을 거듭하며 창씨를 강요했다. 그러나 김창숙의 굳은 마음을 돌이킬 수는 없었다. 아무리 애써 봐야 소용없다는 것을 깨달았는지 일본인 순사는 얼마 뒤부터는 다시 오지 않았다.

일제는 창씨 개명뿐 아니라 우리말을 사용하지 못하게 했으며, 〈조선일보〉, 〈동아일보〉 등 우리말 신문을 폐간하고 조선어학회까지 해산했다. 일제가 이렇게 황국 신민화 정책을 추진한 것은 한국인을 전쟁 도구로 사용하기 위해서였다.

일제는 1931년 만주 사변으로 중국 대륙에의 침략을 시작한 뒤 1937년에는 중일 전쟁, 1941년에는 태평양 전쟁을 일으켜 침략 전쟁의 수렁에 깊이 빠져 있었다. 일제 침략자들은 전쟁을 승리로 이끌기 위해 수많은 한국인을 공사장, 군수 공장, 전쟁터로 내몰았다.

1942년부터는 국민 동원 계획을 세워 수많은 한국인을 '근로 보국대'라는 이름으로 일본 각지의 탄광, 광산, 군수 공장, 비행장 등에 강제로 끌고 갔다. 그리고 1944년부터는 징병제를 실시하여 20여 만 명의 한국 청년들을 전쟁터로 내보냈다.

1944년은 일제가 패망을 앞두고 최후 발악을 할 때였다. 일제의 극심한 탄압으로 국내에서는 독립운동가들이 독립운동을 포기하거나 상당수가 변절하여 친일파로 전락해 있었다. 이러한 시기에 여운형을 중심으로 국내의 독립운동 조직을 재건하려는 움직임이 나타났다.

1944년 8월 10일, 여운형·조동호·현우현·황운·이석구·김진우 등이 비밀리에 '건국 동맹'을 조직한 것이다. 이 단체는 한국의 완전 독립과 민주 국가 건설을 목표로 활동을 시작해, 1945년 8월 초까지 7만여 명에 달하는 전국적인 조직을 만드는 데 성공했다.

건국 동맹에서는 김창숙을 남한 총책임자로 추대했다. 이때 김창숙은 1942년 8월에 시묘를 끝내고 고향집으로 돌아와 있었다. 그런데 1945년 8월 7일 밤, 일본 순사들이 김창숙 집에 들이닥쳤다. 비밀 결사인 건국 동맹이 일제에 발각된 것이다. 김창숙은 성주 경찰서로 붙잡혀 갔다.

이때 며느리 손응교는 경찰서 유치장 안에 갇힌 김창숙에게 면회를 가서 당부 말씀을 들어야겠는데 달리 방법이 없었다. 간수가 눈에 불을 켜고 곁에서 지키고 있을 것이기 때문이었다.

손응교는 골똘히 생각하다가 한 가지 꾀를 냈다. 집에 숨겨 두었던 술을 가지고 경찰서 유치장을 찾아갔다.

"제가 담근 술입니다. 맛 좀 보세요."

손응교는 유치장을 지키는 간수들에게 술을 내놓았다. 그러자 간수들은 처음엔 손을 내저었다.

"어, 근무 시간에 술은 무슨……."

"보통 술이 아닙니다. 향기도 좋고요."

그녀가 재차 권하자 간수들은 한 잔씩 마셔 보았다.

"야아, 술 맛이 정말 좋은데."

간수들은 한 번 맛을 보더니, 그 다음부터는 저희들끼리 부어라 마셔라 했다. 그들은 금세 취해 버렸다. 손응교는 그 틈을 타서 김창숙을 면회했다. 김창숙은 며느리에게 집 열쇠를 내주면서 말했다.

"뒷일을 부탁한다."

손응교는 김창숙의 말을 듣고 곧장 집으로 달려왔다. 그래서 집 안에 있는 김창숙과 관계되는 물건이나 서류는 모두 숨기거나 없애 버렸다. 그녀는 김창숙이 무엇을 당부했는지 알아차렸던 것이다.

다음 날 아침, 아니나 다를까 일본 순사들이 집에 왔다. 그들은 다짜고짜 집 안을 샅샅이 수색하기 시작했다. 그러나 손응교가 이미 치워 버렸기 때문에 김창숙과 관계된 것은 아무것도 찾을 수 없었다. 그러자 일본 순사들은 김창숙의 둘째 아들 김찬기의 물건을 모조리 가져가 버렸다. 그 바람에 집에는 사진 한 장 남아 있는 것이 없었다.

김창숙은 성주 경찰서에서 왜관 경찰서로 옮겨졌다.

8월 15일에 김창숙은 경찰서 유치장에서 일본이 패망했다는 소식을 들었다. 그 날 낮 12시에 일본 왕 히로히토가 라디오 방송을 통해 연합군에 무조건 항복을 선언한 것이다. 이로써 한국이 일제의 사슬에서 풀려나 광복을 맞이하게 되었다.

김창숙은 광복의 기쁨을 감출 수가 없었다. 유치장에 함께 갇힌 사람들과 목이 터져라 만세를 불렀다. 그리고 그들과 손을 맞잡고 경찰서 유치장을 나섰다. 김창숙은 고향 마을로 돌아왔다. 길가에는 일가 친지들이 몰려나와 소리 높여 만세를 부르며 김창숙을 환영했다.

다음 날인 8월 17일(음력 7월 10일)은 김창숙의 67번째 생일이었다. 1939년 환갑 때에는 일제 치하라고, "오늘은 노래하고 즐기는 날이 아니다"며 잔치를 베풀지 못하게 했던 김창숙이었다. 그러나 1945년 이 날은 달랐다. 김창숙의 집에서는 잔치가 열렸다. 일가 친지들이 함께 모여 술잔을 들고 만세를 불렀다. 김창숙으로서는 세상에 태어나서 처음으로 갖는 기쁘고 즐거운 생일 잔치였다.

며칠 뒤 김창숙은 성주 군민들을 사월리 청천 서당에 불러모았다. 이날 밤에는 거의 천여 명이 모여들었다. 김창숙은 이들 앞에서 연설을 했다.

"일본이 패망하고 우리 나라는 완전 독립이 되었습니다. 하지만 아무 준비 없이 갑자기 일어난 일입니다. 정식 정부가 수립하려면 상당한 시일이 걸릴 겁니다. 그때까지 기다릴 수 없으니 지방의 치안 유지를 위해 임시 치안 유지회를 조직하는 게 어떻겠습니까?"

김창숙의 제의에 모두가 찬성하여 성주군에 임시 치안 유지회가 조직되었다.

다음 날 김창숙은 고향집을 떠나 서울로 올라갔다. 서울에서는 여운형, 안재홍 등이 건국 준비 위원회를 조직했으며, 크고 작은 정당이 60여 개나 만들어져 있었다. 박헌영, 이관술 등 공산당도 두 파로 나뉘어 싸우고 있었다.

김창숙은 여운형을 만나 이런 이야기를 듣고 차라리 귀를 막고 싶었다. 게다가 먼저 서울로 올라간 영·호남 친구들이 김창숙이 묵고 있는 여관에 찾아와서 이런 제의를 했다.

"심산, 이번에 우리가 정당을 하나 만들기로 했네. 정당 이름은 '민중당'으로 정했네. 자네가 우리 정당의 당수를 맡아 주게."

김창숙이 친구들에게 물었다.

"정당은 만들어서 뭘 하려고?"

"그걸 몰라서 묻나? 정당이 있어야 정권을 잡지."

김창숙은 한심하다는 듯 친구들을 쳐다보았다.

"자네들마저 정당을 만들겠다니 정말 실망스럽네. 이 땅에 정당이 몇 개나 되는지 아는가? 무려 60여 개라네. 도대체 웬 정당이 그리

많이 생겼는지 원. 아직은 국토가 완전히 수복되지 않았고 정식 정부가 수립되지 않았네. 이런 상황에서 60여 개의 정당이 서로 정권을 잡겠다고 다툰다면 대한민국은 어찌 되겠나? 반드시 저들 손에 다시 망하고 말 걸세. 자네들은 나를 당수의 자리에 앉히려 하나 나는 사양하겠네. 정당끼리의 싸움판에 끼어들어 스스로 몸을 망치고 나라를 저버리는 사람이 되고 싶지 않네."

김창숙의 말에 친구들은 화를 벌컥 냈다.

"그렇게 정당을 싫어하고 우리와 손잡기 싫다면 서울에는 왜 올라왔는가? 고향집에서 문 걸어 잠그고 누워 있지."

"서로 생각이 다르다고 성을 내지는 말게."

"우리가 자네와 친하다는 것은 세상이 다 아는데, 자네가 우리를 외면하고 저버려서야 되겠는가?"

"자네들은 나와 친하다고 같이 일하자고 조르지만, 우정과 일을 혼동하지 말게. 우정에 끌리어 일을 그르친다면 그게 무슨 꼴인가?"

김창숙은 자신의 뜻을 결코 굽히지 않았다. 친구들은 화를 풀지 못하고 돌아갔다. 그런데 얼마 지나지 않아 그들이 다시 김창숙을 찾아왔다.

"자네 말이 맞았네. 우리 모두 민중당을 탈퇴했다네."

친구들은 이렇게 말하며 김창숙에게 사과했다.

그 당시 이남에는 광복을 맞이함과 동시에 갖가지 정당과 정치 단체들이 잇따라 태어났다. 그러나 김창숙의 눈에는 그것들이 집권욕에 눈이 어두워 제각기 큰 깃발을 내세우고 있는 것으로 보였다. 9월 6일 여운형·박헌영·허헌 등이 비밀 회의를 하여 조선 인민 공화국을 선포하자, 김창숙은 긴 한숨을 내쉬며 크게 탄식했다.

"저들이 정권을 잡기 위해 국민을 기만하는구나."

9월 8일, 김창숙은 미군이 인천항에 상륙하여 서울로 들어왔다는 소식을 들었다. 소련은 이미 8월 9일에 태평양 전쟁에 참전하여 8월 15일 이전에 이북에 들어와 있었다. 당시 미국은 38선을 경계로 삼아서 소련에게 38선 이북을 점령할 것을 제의했다. 그러자 소련이 이를 받아들여, 이남과 이북에는 미군과 소련군이 각각 진주하게 된 것이다. 군정을 실시함으로써 일제로부터 해방된 한국은 오히려 남북이 분단 상태에 놓이게 되었다.

남한에 진주한 미군은 9월 9일 아베 조선 총독에게 정식으로 항복 문서를 받았다. 그리고 9월 12일 아놀드 소장이 군정 장관에 임명되어 군정청이 출범함으로써 본격적인 미군정 체제가 시작되었다. 미군정 당국은 남한에 대한 모든 행정권을 장악하여 남한을 직접 통치했는데, 미군정 체제는 대한민국 정부가 정식으로 수립되는 1948년에야 완전히 종결되었다.

미군정은 38선 이남을 직접 통치하면서 친일 경력이 있는 인사들을 군정의 행정 고문이나 고위 관료로 임명했다. 특히 경찰 부분에 친일파를 많이 기용했다. 이들은 미군정에 적극 협조했으며 공산주의자들을 탄압하는 데 앞장섰다.

미군정은 10월 10일 조선 인민 공화국을 불법 단체로 선언하고 대한민국 임시 정부 역시 부인했다. 그리하여 대한민국 임시 정부 요인들은 개인 자격으로 귀국하게 되었다. 1945년 11월 김구, 김규식 등 임시 정부 인사들이 귀국한다는 소식이 전해지자, 김창숙은 환영회의 부회장으로 추대되었다. 그러나 그는 병석에 있어 환영 행사에 나가지 못하고 셋째아들 김형기를 대신 내보냈다.

그런데 이때 김창숙은 청천 벽력 같은 소식을 들었다. 1943년 겨울, 임시 정부가 있는 중경으로 망명을 보낸 둘째 아들 김찬기가 10월 11일 중경에서 병으로 죽었다는 것이다. 그래서 화장을 하여 그 유골이 곧 서울에 도착한다고 했다. 김창숙은 비통한 마음을 가눌 수가 없었다. 광복이 되어 살아 돌아올 줄 믿었던 아들이었다. 그런데 젊은 나이에 세상을 떠나다니, 가슴이 찢어지는 것 같았다.

김찬기는 아버지의 영향을 받아 어려서부터 독립운동에 뛰어들었다. 진주 고보에 다닐 때는 진주 학생 사건에 연루되어 일본 경찰에 체포되었다가 미성년자라고 집행 유예 5년을 선고받고 풀려났다. 그리고 20세에 결혼한 뒤 왜관에서 항일 지하 운동을 하다가 50여 명의 동지들과 함께 체포되어 4년 징역을 살고 나왔다. 그후 김찬기는 고향에 있는 다락 광산에서 일하다가 중국으로 망명을 떠났는데, 해방된 조국 땅을 보지 못하고 한 줌의 재가 되어 돌아온다는 것이었다.

중국에서 돌아온 김구·김규식·이시영·조소앙 등 임시 정부 인사들이 김창숙을 찾아와, 문병을 겸하여 아들 잃은 슬픔을 위로해 주고 갔다.

김창숙은 아들 잃은 슬픔에 계속 젖어 지낼 수 없었다. 임시 정부 인사들과 각 정당 및 사회 단체의 지도자들이 날마다 그의 집을 찾아왔기 때문이다. 그들은 김창숙에게 정치상의 의견을 물었다. 그때마다 김창숙은 최근 아들을 잃어 정치를 돌아볼 경황이 없다고 대답을 피했다.

그러던 어느 날, 김창숙은 라디오 방송을 듣다가 깜짝 놀랐다.

"뭐라고? 한국에 신탁 통치를 실시한다고?"

방송에서는 미국·영국·소련·중국 등 4개국이 최고 5년 기한으로 한국에 신탁 통치를 실시한다고 발표했던 것이다. 이것은 1945년 12월 28일 모스크바에서 미국·영국·소련 3개국 외상 회의의 결정 사항이었다.

"일본의 식민 통치에서 벗어난 지 얼마 안 되어 또다시 외국의 지배를 받아야 한다니, 이게 말이 되는가. 독립 자주 국가를 건설해야 하는 마당에……."

김창숙은 통탄해 마지않았다. 그는 붓을 들어 비장한 마음으로 시를 지었다. '신탁 통치'라는 시였다.

머리는 희었으되
마음은 일편 단심
나라 구하려는 생각

그것 말고 무어 있을까.
차라리 독립을 위해
죽은 귀신 될지언정
신탁 통치 노예는 절대로
되지 않으리.

　신탁 통치안이 발표되자 온 국민이 분노했다. 통곡하지 않는 사람이 없었다.
　임시 정부 인사들은 제일 먼저 신탁 통치를 반대하고 나섰다. 그들은 라디오 방송을 통해 전국에 호소하였고, 미 군정청의 한국인 관리들이 일제히 사퇴했다. 12월 30일에는 서울 운동장에서 '신탁 통치 반대 국민 대회'가 열렸다. 단상에 올라 연설한 사람들은 모두 큰 소리로 통곡했다. 이 자리에 모여든 30~40만 명의 통곡 소리로 땅이 흔들리는 것 같았다.
　다음 날 조선 공산당에서 먼저 제2회 신탁 통치 반대 국민 대회를 열기로 결의했다. 날짜는 1946년 1월 3일이었다. 그런데 1월 3일 아침, 조선 공산당은 느닷없이 신탁 통치를 지지하는 성명서를 발표했다. 처음에는 신탁 통치를 반대하다가 북한 주둔 소련군 사령관의 지령을 받아, 며칠 사이에 찬성으로 태도를 돌변한 것이었다. 김창숙은 조선 공산당의 성명서를 읽고 분통이 터졌다.
　"뭐 신탁 통치를 찬성한다고? 이 사람들이 나라를 팔아먹으려 하는구나."
 김창숙은 너무 분하여 견딜 수가 없었다. 그 자리에서 글 한 통을 급히 작성했다. 그것은 '조선 공산당에게 보내는 경고문'이었다. 공산당이 나라를 판 죄를 성토하는 매우 격렬한 내용이었다. 김창숙은 자신을 따르는 젊은이들에게 그 글을 주며 말했다.
 "옮겨 써서 각 신문사에 돌리도록 하게."
 젊은이들은 그 글을 읽고는 깜짝 놀랐다.
 "선생님, 이 경고문을 정말 발표하실 겁니까? 안 됩니다. 큰일 납니다."
 "큰일은 무슨 큰일. 내가 화를 당할 것 같으냐?"
 "이 글이 신문에 실리면 저들이 선생님을 해치려 들 것입니다."
 "나는 화를 두려워하지 않아. 그러니까 염려 말고 내가 시키는 대로 하게."

"선생님, 죄송합니다. 선생님이 걱정되어 도저히 그렇게 할 수가 없습니다."

"자네들은 정말 내 말을 듣지 않으려는가?"

김창숙은 화가 나서 호통을 쳤다. 그리고 지팡이로 젊은이들을 때리려 했다. 그제야 젊은이들은 김창숙에게 공손히 사과한 뒤 이렇게 말했다.

"명을 따르겠습니다. 하지만 선생님, 조심하셔야 합니다. 이 글을 발표하신 뒤엔 화를 피해 당분간 어디 숨어 계시는 게 좋을 듯싶습니다."

"일없네. 나는 신탁 통치 아래서 구차히 숨어 살기를 바라지 않아."

젊은이들은 김창숙이 시키는 대로 글을 옮겨 써서 각 신문사에 돌렸다. 그런데 며칠이 지나도 신문에는 그 경고문이 실리지 않았다. 엿새째 되는 날, 김창숙은 젊은이 서너 명을 각 신문사로 보내 글을 실

지 않은 이유를 따졌다. 그러자 신문사에서는 모두 화가 두려워 싣지 못했다고 대답했다. 동아일보사에서는 원고조차 보지 못했다고 했다. 그래서 마침 가지고 간 원고를 주었더니 다음 날 신문에 경고문이 특별히 실렸다.

이 경고문을 본 사람들은 너나없이 김창숙에게 권했다.

"선생님, 어디 잠시 피신해 계시죠."

그때마다 김창숙은 고개를 가로저었다.

"나는 화를 겁내서 피해 숨을 사람이 아니야."

그러고는 이승엽, 이우적 등 공산당 지도자들을 불렀다. 김창숙은 이들에게 신탁 통치를 찬성하는 것은 나라를 파는 반역이라고 준엄히 말한 뒤 반탁 진영으로 돌아오라고 권했다. 그러나 그들은 끝까지 찬탁을 주장했다.

국내 정치 진영은 신탁 통치 문제를 둘러싸고 찬탁과 반탁으로 나뉘어 있었다. 김구 중심의 비상 정치 회의와 이승만의 독립 촉성 중앙 협의회가 합작하여 조직된 비상 국민 회의가 반탁을 주장하였고, 조선 공산당, 인민당, 조선 민족 혁명당, 천도교 청우당 등이 결성한 민주주의 민족 전선이 찬탁을 주장하였다.

이렇게 양대 세력이 대립하는 가운데 1946년 3월 서울의 덕수궁에서 제1차 미·소 공동 위원회가 개최되었다. 여기서 미국과 소련은 임시 민주 정부 수립을 위한 한국 측 협의 대상을 선정하는 문제로 팽팽히 맞섰다.

소련은 모스크바 3국 외상 회의의 결정 사항을 반대하는 단체와 친일파는 협의 대상에서 제외시키자고 주장한 반면, 미국은 이를 반대했다. 두 나라의 이같은 의견 대립으로 제1차 미·소 공동 위원회는 5월에 결렬되고 말았다.

그러자 이승만은 6월 3일 전라북도 정읍에서 성명서를 발표했다. 남한 단독 정부를 수립하자는 것이었다.

1947년 5월에 열린 제2차 미·소 공동 위원회도 협의 대상 문제로 또다시 결렬되자, 미국은 9월 한국의 독립 문제를 국제 연합으로 넘겼다. 국제 연합 총회에서는 11월 5일 국제 연합 한국 임시 위원단의 감시하에 남북한 총선거를 실시할 것을 결의했다.

그러나 국제 연합 한국 임시 위원단의 입북이 소련에 의해 거부당하자, 2월 26일 총선거는 남한에서만 실시하기로 국제 연합 소총회에서 통과되었다. 이렇게 되자 김창숙, 김구 등은 남한에서만의 총선거를 반대하고 나섰다.

"남한에서만 총선거를 실시하면 우리 국토가 나뉘고 민족이 분열됩니다. 우리는 남북 협상을 통해 통일 정부를 수립해야 합니다."

1948년 3월 12일, 김창숙·김구·김규식·홍명희·조소앙·조성환·조완구 등은 7인 공동 성명서를 발표했다. 그것은 단독 정부 수립에 반대하며, 통일 독립을 달성하기 위해 여생을 바치겠다는 내용이었다.

1948년 4월, 김구·김규식·조소앙·조완구 등 지도자급 인사들은 남북의 통일 정부 수립 문제를 논의하기 위해 북한을 방문했다. 남한 단독 선거를 반대하는 남북한의 모든 사회 단체 대표들이 평양에서 연석 회의와 요인 회담을 갖자는 북한의 제의를 받아들인 것이다.

그러나 통일을 위한 이들의 노력은 무위로 끝나고 말았다. 남쪽만의 단독 선거를 완전히 막지 못했기 때문이다. 1948년 5월 10일 남한만의 총선거가 실시되어 198명의 국회 의원이 선출됨으로써 제헌 의회가 출범했다. 제헌 의회는 의장에 이승만, 부의장에 신익희·김동원을 선출한 뒤 헌법을 제정하여 이를 공포했다. 그리고 7월 20일 대통령에 이승만, 부통령에 이시영을 선출하여 8월 15일 대한민국 정부 수립을 내외에 선포했다.

한편 북한은 1948년 8월 25일 최고 인민 회의 대의원 선거를 실시하여 572명의 대의원을 선출했다. 그리하여 9월 9일에는 조선 민주주의 인민 공화국을 수립했다.

김창숙은 통일 정부 수립을 간절히 바랐지만 한반도는 이렇게 분단의 길을 걷게 되었다.

## 13. 성균관 대학을 세우다

 1945년 광복 직후였다. 유림들이 김창숙을 찾아와서 말했다.
 "선생님, 저희들이 유도회를 만들었습니다. 선생님을 회장으로 추대했으니 취임하시죠."
 유도회는 서울에 모인 유림들이 만든 유교 단체였다. 본부는 성균관 안에 두고 있었다. 그러나 김창숙은 유림들의 청을 한 마디로 딱 잘라서 거절했다.
 "돌아가시오. 나는 회장에 취임할 마음이 없소."
 김창숙은 유도회말고도 세 개의 유교 단체가 더 있다는 것을 알고 있었다. 유교회·대동회·연정회 등이 그것이었다. 이들 네 개 단체는 모두 사무실을 성균관 안에 두고 서로 주도권 싸움을 벌이고 있었다. 김창숙은 이런 현실이 못마땅했던 것이다.
 그후 이들 네 개 단체 사람들이 번갈아 찾아와서 김창숙에게 조언을 부탁했다. 단합할 좋은 방법을 알려달라는 것이었다. 김창숙이 말했다.
 "여러분은 같은 유교 사상을 가지고 함께 유교의 발전을 도모한다면서 서로 주도권 싸움만 하고 있어서야 되겠소? 전국의 유림이 같이 부끄러워해야 할 일이오. 만일 여러분이 계속해서 싸움질만 하면 유교는 반드시 망하고 말 것이오. 여러분이 진정 단합하기를 원한다면 네 개 단체 사람들이 날짜를 정해 성균관에 다 함께 모이시오. 그래서 이미 만든 단체의 해체를 선언하고 통합 단체를 만들어 전국 대회를 여는 거요."

이들 네 개 단체 사람들은 조용히 경청하고는 머리 숙여 말했다.

"선생님 말씀대로 하겠습니다."

그로부터 얼마 뒤 성균관에 각 단체 사람들이 모였다. 그들은 각 단체의 해체를 선언하고 곧 통합 단체를 만들었다. 단체 이름은 '유도회 총본부'라 하고 사무실은 성균관 안에 두기로 했다.

1945년 10월, 전국 유림 2,500여 명이 성균관에 모여 창립 총회를 열었다. 김창숙이 유도회 총본부 위원장으로 추대되었다.

1946년 5월 유림 총회에서는 유교 부흥을 위한 각종 사업 방안을 토의했다. 그 첫째가 친일파들의 소굴이 되어 버린 성균관을 바로잡는 일이었다. 회의석상에서 김창숙이 말했다.

"성균관은 본래 나라의 최고 교육 기관이었소. 그런데 그 성균관을 일본인들이 '경학원'이라 고쳐 부르고, 대제학·부제학·사성 등의 직제를 두어 친일파 중에서 유림의 이름을 훔친 자들로 채워 놓았었소. 이제 8·15 광복을 맞이했지만 아직도 성균관은 경학원이라 불리며 친일파들이 득실거리고 있는 형편이오. 따라서 우리는 성균관이란 원래 이름을 찾고, 유림 중에서 최고 영도자를 뽑아 기구를 정비해야 합니다. 또한 효과적인 운영을 위해 재단 법인을 만들어야 합니다."

"좋습니다. 위원장께서 맡아서 추진하십시오."

모두가 찬성하여 김창숙이 그 일을 맡아 처리하기로 했다. 그 다음 문제는 향교 재산을 되찾는 일이었다. 향교 재산은 일제 때 부윤이나 군수에게 넘겨져 관리되어 오다가 광복 후 군정청 문교부에서 관리하고 있었다. 김창숙이 이 문제에 대해 말했다.

"향교 재산이 아직까지 각 향교에 반환되지 않고 있으니 부끄러운 일이오. 하루빨리 향교 재산을 도로 찾아야 합니다."

"그 문제 역시 유림 전체의 중대 문제이니 위원장께서 맡아서 추진하십시오."

모두가 동의하여 김창숙이 그 일도 떠맡기로 했다. 그 다음 또 시급한 문제는 성균관 대학 설립 문제였다. 성균관은 본래 나라의 최고 교육 기관이었다. 그러던 것이 구한말에 이르러 유교가 크게 쇠퇴하자 나라에서는 제대로 돌보지 않게 되었다. 그리고 일제 치하에서는 명륜 전문 학교가 설립되어 친일 유림 교육 기관으로 삼았으며, 일제 말기에는 폐교되어 학생들을 병적에 편입시켰다.

광복 후에는 몇몇 학생이 모여 명륜 전문 학원을 설립했는데 재정난에 허덕이는 실정이었다. 이들이 몇 번이나 유도회 총본부에 와서 도움을 청했기 때문에 김창숙은 그 실정을 잘 알고 있었다. 회의석상에서 김창숙이 또 말했다.

"몇몇 학생이 유학을 부흥시키겠다고 명륜 전문 학원을 세웠지만, 재정이 곤란하여 곧 해산될 지경이라 합니다. 참으로 안타까운 일이오. 우리 유교인들이 나라를 세우는 큰일에 헌신하고자 한다면 무엇보다 먼저 유교 문화를 부흥시켜야 하오. 유교 문화를 부흥시키려면 마땅히 성균관 대학을 설립해야 하오. 성균관 대학을 설립하는 일은 전국 유교인들이 힘을 합쳐 반드시 이루어야 하오."

김창숙이 성균관 대학 설립을 제의하자 모두가 찬성하고 나섰다.

"옳은 말씀입니다. 기독교인이나 불교인들은 이미 오래 전에 대학을 설립했습니다. 하지만 부끄럽게도 우리에게는 대학이 없습니다. 이번 기회에 모두 다 협력해서 성균관 대학을 설립합시다."

김창숙은 이날 회의에서 토의된 문제들을 해결하기 위해 발벗고 나섰다. 먼저 성균관을 정비하여 '경학원'이란 이름을 원래 이름으로 다시 환원했다. 그리고 향교 재산을 도로 찾는 문제로 문교부장 유억겸, 차장 오천석, 과장 윤세구 등을 김구와 함께 만났다. 이 자리에서 유억겸은 김창숙에게 한 가지 방법을 제시했다. 전국 향교 재산을 하나로 통합해서 재단 법인을 설립하여 유교 문화를 일으키라는 것이었다. 재단 법인을 설립하면 유교 문화의 각종 사업을 일으킬 수 있다는 얘기였다. 이런 제의를 받고 김창숙은 무릎을 쳤다. 향교 재산을 도로 찾는 문제와 성균관 대학 설립 문제를 동시에 해결할 수 있는 좋은 방법이라 생각했던 것이다.

김창숙은 우선 성균관 대학 기성회를 결성하고, 독지가 이석구를 맞아들여 재단 법인 학린회의 소유였던 거대한 토지 재산을 희사받았다. 그리고 종전의 명륜 전문 학교 재단을 통합하여 '재단 법인 성균관 대학' 설립을 추진했다. 곧 문교부 설립 인가를 받았는데, 1946년 9월 25일의 일이었다. 이로써 성균관 대학이 정규 단과 대학으로 문을 열게 된 것이다.

김창숙은 성균관 대학의 초대 학장에 취임했다. 그는 학생들을 가르치며 유학을 자신의 교육 이념으로 삼았다. 그래서 학생들에게는 늘 윤리와 도의를 생활의 지표로 삼을 것을 역설하고, 덕행을 표본으로 하는 인간의 완성을 강조했다.

김창숙은 이러한 교육 이념을 보다 더 확대해 구현하려면 성균관 대학을 종합 대학으로 승격시켜야 한다고 생각했다. 그리하여 전국에 흩어져 있는 향교 재단의 재산을 갹출해 재단 법인 성균관 대학을 강화하여 1953년 2월 6일 종합 대학 승격 인가를 받았다. 김창숙은 성균관 대학교의 초대 총장이 되었다.

총장 시절, 하루는 친구 한 사람이 오랜만에 그의 집을 찾아왔다. 김창숙은 버선발로 뛰어나가 친구를 반갑게 맞이했다.

"어서 오게. 안으로 들게나."

친구는 조기 한 마리를 사들고 왔다. 빈손으로 올 수 없어서였다. 김창숙은 친구를 집 안으로 불러들여 이런 저런 이야기를 나누었다. 그런데 친구는 무슨 이야기 끝에 갑자기 생각난 듯 말했다.

"참, 우리 집 아이가 이번에 대학 시험을 본다네. 성균관 대학교에 지망 원서를 넣었지."

"그런가?"

김창숙은 그 자리에선 별말이 없다가 친구가 돌아가자 며느리를 불렀다. 둘째 며느리 손응교였다.

"아버님, 부르셨습니까?"

그녀는 김창숙 앞에 다소곳이 머리를 숙였다. 김창숙이 며느리에게 말했다.

"이 조기로 반찬을 만들어선 안 된다. 그냥 부엌에 걸어 두거라."

김창숙은 친구 아들이 자신의 대학에 지망했다는 말을 듣고 조기를 청탁 뇌물로 여겼던 것이다. 그래서 조기를 한 달 동안 부엌에 두었다가 그 친구가 다시 찾아왔을 때 돌려주고 말았다.

이런 일은 종종 있었다. 누가 찾아와서 담배 한 갑이라도 놓고 가면 김창숙은 그것을 청탁 뇌물로 생각했다. 그래서 손자를 시켜 반드시 돌려보내곤 했다. 김창숙은 '불의·부정, 현실과는 일체 타협하지 말라'고 가르치고 이를 철저히 실천했던 것이다.

김창숙이 성균관 대학교 총장에서 물러난 것은 1956년 78세 때였다. 이때 김창숙은 1951년 이래 이승만 독재 정권에 맞서 반독재 민주화 투쟁의 선봉에 서 있었다.

## 14. 반독재 민주화 투쟁의 선봉에 서다

　1950년 6월 25일 새벽 4시 30분, 북한군은 38선을 넘었다. 옹진 반도, 개성, 동두천, 춘천, 동해안 등에서 전면적으로 공격을 개시한 것이다. 북한군은 3일 만에 서울을 점령하고 남쪽으로 쳐 내려갔다. 그리하여 8월 15일에는 낙동강 이남 지역을 제외한 거의 모든 지역을 점령했다.

　북한군은 서울을 점령하자마자 피난 못 간 저명 인사들을 모조리 잡아들였다. 그래서 공산당을 지지하는 선전 방송을 하게 했다. 이때 김창숙은 건강이 좋지 않아 청일 병원에 입원해 있었다. 그 병원으로 공산군 기관원들이 들이닥쳤다. 그들은 총기를 휴대하고 있었다.

　"선생님, 저희와 함께 가셔야겠습니다. 저희 인민 공화국과 김일성 동지를 지지하는 방송을 해 주십시오."

　"돌아가시오. 나는 그런 방송을 하고 싶지 않소."

　김창숙은 한 마디로 거절했다. 공산군의 총칼 앞에서도 전혀 두려워하는 기색이 없었다.

　"선생님, 저희와 함께 가시기 곤란하면 여기에 서명만이라도 해 주시지요."

그들은 김창숙 앞에 미리 작성해 온 방송 원고를 내밀었다. 그러나 김창숙은 그것을 거들떠보지 않고 고개를 가로저었다.

"싫소."

김창숙이 거절해도 그들은 쉽게 포기하지 않았다. 그후에도 또 다른 사람이 찾아와 김창숙을 협박했다. 그것이 무려 일곱 차례에 이르렀다. 김창숙은 의연한 태도로 말했다.

"내 나이가 71세로, 늙도록 살았소. 지금 죽는다 할지라도 나는 당신들의 협박에 나의 고집을 꺾지 않겠소."

그러고는 그 자리에서 시 한 수를 지어 보였다.

앉은뱅이 심산은 늙을수록 옹고집
홀로 정절 지킴이 처녀와도 같아라.
터럭 한 올이라도 어찌 화복에 흔들리랴.
저들에게 맡기노니 이마 위에서 쇠수레 돌리리.

김창숙은 이 시를 통해 총칼의 위협 앞에서도 굴하지 않는 뜻을 분명히 보여 주었다. 그들은 결국 김창숙을 포섭하는 것을 포기할 수밖에 없었다.

전쟁의 형세는 참전한 유엔군의 인천 상륙 작전으로 역전되기 시작했다. 9월 28일에는 서울을 탈환했고, 38선을 돌파하여 북진을 계속

했다. 그런데 북한의 거의 모든 지역을 점령했을 때 중국군이 한국 전선에 투입되었다. 중국군이 참전하면서 전세는 달라졌다. 유엔군은 중국군에게 밀려 남쪽으로 후퇴했고, 1951년 1월 4일에는 서울을 내주고 말았다. 서울을 재탈환한 것은 2월 18일이었다. 그 후 38선 지역에서 치열한 공방전을 거듭하다가 1953년 7월 27일 휴전 협정이 조인되어, 3년 1개월에 걸친 전쟁은 막을 내렸다.

전쟁의 피해는 엄청났다. 남북한을 합쳐 죽거나 실종된 사람이 250여만 명이었고, 부상자까지 합하면 500여만 명이었다. 또한 20만 명의 전쟁 미망인, 10만 명의 전쟁 고아, 1천만 명의 이산가족이 생겼다. 우리 나라 역사상 가장 비참한 동족 상잔의 비극을 낳은 것이다.

김창숙은 1·4 후퇴 때 부산으로 피난을 갔다. 이때 정부도 부산으로 옮겨가 부산은 임시 수도가 되어 있었다.

이승만은 전쟁 중인데도 장기 집권을 꿈꾸고 있었다. 1951년 8·15 광복절 기념식에서 이승만은 신당 조직의 필요성을 밝히더니 12월에 마침내 자유당을 결성했다.

한편 김창숙은 나날이 더해 가는 이승만 정권의 독재와 부패를 지켜보고 있을 수만은 없었다. 그래서 1951년 이승만 대통령에게 하야 경고문을 써서 보냈다. 독재와 실정에 대한 책임을 지고 대통령 자리에서 물러나라는 것이었다. 김창숙은 이 일로 체포되어 부산 형무소에 수감되었다. 죄명은 이른바 '민심 교란죄'였다. 그러나 김창숙은 얼마 뒤 나이가 많다는 이유로 불기소 처분을 받고 석방되었다.

이승만은 1951년 11월 30일 대통령 직선제 개헌안을 국회에 제출했다. 1950년 5월 3일 선거에서 야당에게 크게 패해, 국회 간선제로는 대통령에 재선되기 어렵다고 판단했기 때문이다. 그러나 대통령 직선제 개헌안은 1952년 1월 18일 국회에서 부결되고 말았다.

이때 야당계 국회 의원들은 정부에 맞서 의원 내각제 개헌안을 준비하고 있었다. 그 준비는 순조롭게 진행되어 재적 의원 3분의 2에 달하는 123명의 서명까지 받아 두었다. 이 의원 내각제 개헌 운동에는 김창숙도 이시영 등과 함께 참여했다.

1952년 6월 20일, 부산의 국제 구락부에는 김창숙·이시영·김성수·장면 등 81명의 인사가 모였다. 정부측이 내놓은 대통령 직선제 개헌안에 반대하여, 반독재 호헌 구국 선언을 하는 자리였다. 이 날 회의에서 사회를 맡은 것은 김창숙이었다. 그는 불편한 몸이었지만 회의를 진행하기 위해 단상에 올랐다.

그런데 회의가 막 시작되었을 때였다. 정체를 알 수 없는 청년들이 갑자기 회의장으로 뛰어들어 왔다. 그들은 마구 몽둥이를 휘둘러 닥치는 대로 때려부수고 사람들을 때렸다. 회의장은 순식간에 아수라장이 되었다.

회의장에 모인 인사들은 몽둥이를 맞고 쓰러졌다. 김창숙도 청년들이 던진 벽돌에 맞아 피를 흘리며 쓰러졌다. 여기저기서 비명 소리와 신음 소리가 터져 나왔다. 그때였다. 검은 경찰차가 다가오더니 경찰관이 급히 내렸다. 경찰관은 김창숙을 발견하고는, 부축해서 경찰차

에 태워 병원에 데려가려 했다. 그러자 김창숙은 상대가 경찰관이란 것을 알아보고 그의 손을 뿌리쳤다.

"비켜라! 너희 놈들이 시켜 놓고 나를 태워 병원에 데려가겠다고? 이 자리에서 피를 더 흘릴망정 나는 너희 놈들의 차로는 병원에 가지 않는다."

김창숙은 회의장에 뛰어든 괴한들을 정부측이 보낸 정치 깡패로 생각했던 것이다.

회의장에는 박해준이란 청년이 있었다. 김창숙은 박해준에게 업혀 나와서 조병옥의 차에 태워졌다. 김창숙은 박해준의 집에 가서 치료를 받고 안정을 취했다. 그러나 이 사건으로 김창숙은 부산 형무소에 수감되어 40여 일 동안 옥고를 치렀다.

이승만은 결국 대통령 직선제 정부안과 내각 책임제 국회안을 발췌·혼합한 이른바 '발췌 개헌안'을 마련하여, 7월 4일 경찰과 군인들이 국회 의사당을 포위한 가운데 이를 통과시켰다. 이로써 이승만은 그 해에 4년 임기의 대통령에 재선될 수 있었다.

1955년 5월 20일에는 제3대 국회의원 선거가 실시되었다. 이 선거에서는 이승만이 이끄는 자유당이 원내 절대 다수를 차지하여 제1당이 되었다.

자유당은 영구 집권을 위하여 음모를 꾸미기 시작했다. 초대 대통령에 한해 중임 제한을 철폐하는 개헌안을 9월 8일 국회에 제출한 것이다. 이 개헌안은 11월 27일 국회에서 표결에 부쳐졌는데, 재적 의원

203명 가운데 찬성 135표, 반대 60표, 기권 7표로 헌법 개정에 필요한 3분의 2인 136표에서 1표가 부족했다. 따라서 국회 부의장 최순주는 부결을 선포했다. 그런데 이틀 뒤 그는 부결 선포를 번복하고 개헌안의 가결을 선포했다. 재적 의원 203명의 3분의 2선은 사사오입(반올림, 셈할 때 끝 수가 4 이하일 때는 버리고 5 이상일 때는 10으로 올려서 계산하는 방법)하여 135명이 된다는 것이다.

이렇게 개헌안을 불법적으로 통과시킨 자유당은 1956년 5월 제3대 대통령 선거에 이승만을 후보로 내세웠다. 그리고 야당인 민주당은 신익희를, 진보당은 조봉암을 대통령 후보로 내세웠다.

이때 김창숙은 평화적인 정권 교체를 위해서는 야당 단일 후보를 내세우는 것이 급선무라고 생각했다. 그래서 신익희와 조봉암을 한자리에 모아서 합작을 권유하기도 했는데, 야당 단일 후보를 내는 데는 실패하고 말았다.

투표를 며칠 앞둔 5월 5일이었다. 김창숙에게 날벼락 같은 소식이 날아들었다. 신익희가 전라도 지방으로 유세를 떠났다가 열차 안에서 심장 마비로 갑자기 세상을 떠났다는 것이다. 김창숙은 이 소식을 듣고 허탈감에 빠졌다. 신익희가 대통령에 당선되어 이승만 독재 정권을 무너뜨리기를 바랐는데, 그 꿈이 물거품이 되어 버렸기 때문이다.

신익희의 갑작스런 죽음으로 이승만은 선거에서 여유 있게 승리했다. 그래서 8월 15일 제3대 대통령에 취임하게 되었는데, 김창숙은 이승만에게 공개 편지 한 통을 보냈다. 그것은 선거 무효를 선언하고 자유당을 해산시킬 것을 촉구하는 내용이었다.

김창숙이 이렇게 독재 정권에 맞서 반대 투쟁을 계속하자, 자유당 정권은 그를 눈엣가시처럼 미워했다. 그래서 깡패들을 동원하여 성균관을 강제로 점거하고, 김창숙을 성균관 대학교, 유도회, 성균관 등에서 물러나게 했다. 그리고 그 후부터는 유도회 및 성균관 안에는 선거 때마다 자유당의 선거 대책 위원회라는 간판이 붙었다.

자유당 정권의 압력과 이에 결탁한 세력에 의해 일체의 공직에서 추방된 김창숙은 고향 마을로 내려갔다.

칠봉산은 변함없이 일곱 개의 봉우리를 거느리고 자신을 맞이했지만 김창숙은 쓸쓸하고 처량했다. 고향에 돌아왔어도 낯선 나그네의 심정이었다.

김창숙은 1951년 음력 정월 28일에 아내를 먼저 저 세상으로 떠나보냈다. 일가 친척들이 내준 청천 서당의 방 한 칸에 혼자 누워 있으니 죽은 아내 생각이 간절했다. 김창숙은 붓을 들어 아내를 그리워하는 마음을 시로 썼다.

도망쳐서 고향이라고 돌아와 보니
쓸쓸하고 처량하기 낯선 나그넬세.
망가진 창가에 쇠약해져 누웠으되
집 안엔 간직해 둔 양식마저 없구려.

당신은 날 버리고 떠나가 버렸으니

병들은 이 내 몸을 그 누가 간호하랴.

곁에 있는 것 같아 당신을 불렀소만

눈 들어 바라보니 홀연히 간 곳 없소.

1958년 12월 24일, 김창숙은 어린 손자의 등에 업혀 서울로 올라왔다. 자유당이 2년 뒤에 있을 정·부통령 선거에 대비해 언론과 야당 탄압에 주안점을 두고 언론 규제 조항을 강화한 보안법 개정안을 통과시켰다는 소식을 들었기 때문이다. 김창숙은 이에 항의하는 성명서를 발표하며 "대통령은 국민 앞에 사과하고 하야하라."고 외쳤다.

2년 뒤인 1960년 3월 15일에는 제4대 정·부통령 선거가 있었다. 선거를 앞둔 2월 28일, 재야 인사들이 모여 공명 선거 추진 위원회를 결성했다. 김창숙은 공명 선거 추진 지도위원으로 추대되었다.

이승만은 민주당 대통령 후보인 조병옥이 선거 전에 세상을 떠나 4선이 확실해졌다. 그러나 자유당 정권은 부통령 후보인 이기붕을 당선시키기 위해 부정 선거를 감행했다. 정부는 3월 17일 이승만·이기붕 후보가 80퍼센트가 넘는 높은 득표율로 정·부통령에 당선되었다고 발표했으나 국민들은 아무도 믿지 않았다. 오히려 부정 선거에 항의하는 시위가 전국 각지에서 일어났다.

4월 19일의 학생 시위는 4월 26일의 대규모 전국적 시위로 이어져, 결국 이승만은 대통령직을 사임했고 자유당 정권은 무너졌다.

이때 김창숙은 서울에 있었다. 그는 성균관 대학에서 물러난 뒤 곤궁한 생활을 하고 있었다. 며느리 손응교가 날마다 삯바느질한 것을 아들 김위를 시켜 동대문 시장에 내다 팔아 생계를 꾸려 나갔다. 그런 어려운 형편인데도 김창숙은 며느리에게 늘 이렇게 말했다.

"가난을 복으로 알고 살아라. 불의한 것을 먹지 말고, 배고프면 치마 끈을 졸라매라."

김창숙은 집에 쌀이 없으면 무조건 며칠이고 굶으라고 했다. 쌀이 없어 밥을 굶을 때도 많았다. 그래도 김창숙은 언제나 꼿꼿했다. 언젠가는 자유당의 어느 국회 의원이 생활비를 건네주려고 하자, "더러운 돈은 받을 수 없다."고 거절한 적도 있었다.

김창숙은 평생 벼슬을 한 일이 없고 재산을 모은 일도 없었다. 따라

서 말년에는 집도 없이 여관, 병원 등을 전전하며 살았다.

5·16 군사 쿠데타가 일어나고 그 이듬해, 정부 당국은 김창숙을 국립 중앙 의료원(지금의 국립 의료원)에 입원시켰다.

병상에 누워 있는 몸이었지만 김창숙은 언제나 나라 걱정이었다. 의식이 가물거리는 순간에도 김창숙은 이렇게 중얼거렸다.

"통일이 안 돼서……."

"유림들이 잘해 나가야 할 텐데……."

끝을 맺지 못한 이 말들은 그의 유언이 되었다. 통일을 염원하고 유림이 잘해 나가길 바라며, 한국의 마지막 선비 김창숙은 조용히 눈을 감은 것이다. 1962년 5월 10일이었다.